成功的燃料Ⅱ

让你和你的团队热情不减

〔美〕维斯·比维斯 Wes Beavis◎著
彭金玲 赖伟雄◎译

九州出版社
JIUZHOUPRESS

图书在版编目（CIP）数据

成功的燃料. 2, 让你和你的团队热情不减 / (美)比维斯 (Beavis,W.) 著 ; 彭金玲, 赖伟雄译. -- 北京 : 九州出版社, 2014.3

ISBN 978-7-5108-2837-9

Ⅰ. ①成… Ⅱ. ①比… ②彭… ③赖… Ⅲ. ①成功心理—通俗读物 Ⅳ. ①B848.4-49

中国版本图书馆CIP数据核字(2014)第058324号

成功的燃料Ⅱ：让你和你的团队热情不减

作　　者　（美）比维斯　著　彭金玲　赖伟雄　译
出版发行　九州出版社
出 版 人　黄宪华
地　　址　北京市西城区阜外大街甲35号(100037)
发行电话　（010）68992190/2/3/5/6
网　　址　www.jiuzhoupress.com
电子信箱　jiuzhou@jiuzhoupress.com
印　　刷　环球印刷（北京）有限公司
开　　本　880毫米×1230毫米　32开
印　　张　4.75
字　　数　60千字
版　　次　2014年5月第1版
印　　次　2014年5月第1次印刷
书　　号　ISBN 978-7-5108-2837-9
定　　价　26.00元

谨以此书献给

吉姆·罗恩

他留下激励人心的传承，

不断给那些追求卓越的人们添加燃料。

目 录

CONTENTS

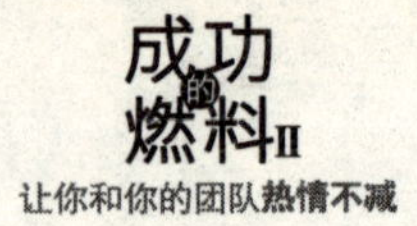

目 录
CONTENTS

导言

INTRODUCTION

他以书籍的灵粮喂养自己。

——艾德温·马克海姆

（美国诗人）

我十八岁的儿子是一名勤奋用功的学生，像大多数学生一样，他的净资产是他汽车杯托里所有硬币。今天，他放学回家时，我想用实际行动对他说“我爱你，儿子”。于是我把他的车开到附近的加油站，加满了一箱油。当油泵给汽车加油时，我回想三十多年来给各式各样的汽车加油的次数。我快速估算了一下，发现自己加油至少有三千余次了。每一次油箱快空时，我都要去加油。

有时我会为高油价而惴惴不安；有时我身上的钱只够让油

表的指针上升一点点；有时在油完全用光前，我才勉强把车开到加油站。在每一次窘境中，我都要面对现实，那就是，我的汽车需要加足燃料，才能继续前行。

加足燃料，马到成功，这是我喜欢的。我对加油的感激超过了燃料污染环境由此带来的愧疚。我驾车行驶的大部分地方并不是一路下坡，也非在附近街区。旅途漫漫、山陡坡峭，而加足燃料让我一路畅通。暴雨、冰雹或炽烈的阳光都无法阻止我停下来为汽车加油，我总是十分愉快地为油费买单。

同样的原因，我极重视阅读励志书籍，聆听振奋人心的演讲。我积极地设定目标，践行梦想。目标越高，我就越需要激励，因此，为思想补充燃料不是我闲暇时才做的事情。激励思想不是奢侈品，而是生活必需品，它让我在跨越眼前障碍时，勇气十足且卓有成效。我经常用鼓舞人心的话语充实自己，尽管这些话语的激励作用有时效性，就像早晨喝咖啡的提神功用，在午餐时会消失一样，但难道我们就因此不喝咖啡了吗？

行为科学家说，人类的心理会产生疲倦效应。尝试减肥的人可能会听人说“控制饮食不管用”，但事实是，控制饮食在减重方面的确管用，问题在于人们心理烦躁而不愿意执行。因为我们的思想怠惰，不愿给自我激励的油箱加满燃料；克服心理上的疲倦，对于抵达梦想的彼岸至关重要。因此，我们需要不断给自我激励加足燃料。并非因为我是本书作者，我才这么说，我自己也常常需要鼓舞人心的话语，来克服人生旅途的种种障碍。许多时候，读一本书使我精神振奋，一扫消极沮丧的阴霾，奋力前行，直至成功。

我也清楚，激励书籍不是什么藏宝图。许多人读一本书，希望能从中找到成功的独家秘笈。坦率地说，成功并没有什么秘密可言，它需要坚忍不拔地继续前行；我们只需要一杯新鲜果汁，除去我们的疲乏，为我们的心灵补充能量。这本书并不是教你如何解开通往成功的达芬奇密码，而是为你的心灵加满燃料，成为你成功的助推器。

克服心理上的疲倦，对于抵达梦想的彼岸至关重要。

我的前一本书《成功的燃料》引起了很大的共鸣，这激励我写下这本续篇《成功的燃料Ⅱ：让你和你的团队热情不减》。主题依旧是：成功，胜在一路上燃料充足，而非阻力不在！我希望为你添加足够多的燃料，让你和你的团队激情燃烧，直至达到新高度。你能去到多高，我并不知道，但我深信比你现在所处的位置更高。更加美好的未来，就在前方不远处等待执着追求的人们。关键在于你的态度及思想，能将你带至何方。

在成功的燃料这个领域，如果我有些洞察力的话，并不是因为我有成功所需的所有燃料，而是我深知，在人生旅途中，斗志耗尽，困在路边，无法前行是什么滋味。我为你提供的，是我所发现的在这艰难时刻为心灵加油的方法。在我人生旅程的某些阶段，有人告诉我要从阅读中汲取能量。毫无疑问，阅读已经成为我加足燃料、通向成功的关键因素。

因此，正如我今天为我的儿子所做的那样，让我为你的油箱加满油，助你驶向又一个成功的台阶。不管我们在人生旅程的哪一个阶段，我们都是生命之旅的同路人。让我们加足燃料，战胜各种挑战，驶向成功，这是我们付出所得到的回报。

1.
责 任

成功，无论大小，都需要你富有责任心。

担当责任的能力是所有成功人士必备的品质。

——迈克尔·科达

（美国著名出版家）

2004年，当海啸侵袭印尼时，艾勒和塞缪尔·利普克兄弟及其朋友斯科特·麦尔卡瓦尼的生命永远被改变了。1999年，在加州长滩的一次专业拍摄现场，我第一次见到艾勒。艾勒和他的兄弟塞缪尔都是专业摄影师，在用镜头捕捉生命精彩瞬间方面，他们才华横溢。尽管他俩都比我年轻，但他们在海啸袭击印尼后所做的一切，让他们成为我钦佩的英雄。这趟旅程一开始对他们而言，仅仅意味着一次冲浪度假，而结果是，他们在这场巨大的自然灾害面前，拯救了无数生命。

海啸发生前，艾勒、塞缪尔和斯科特在当地一所孤儿院教课，业余时间就在世界一流的冲浪圣地乌鲁图瓦断崖下冲浪。当他们听说海啸席卷相隔仅有两个海岛之遥的苏门答腊岛后，他们决定搜集尽可能多的医疗资源，即刻赶往重灾区班达亚齐市。

然而，飞往班达亚齐是一项巨大挑战。出于各种原因，当地政府不允许西方国家进入该区域。此时海啸所造成的破坏范围还不太为人知晓，而闭关政策仍继续着。于是，艾勒、塞缪尔及斯科特试图找到一条通道。他们被人支来支去，最后来到苏门答腊总督那里，签下免责协议后，最终才被准许进入灾区。他们拖着物品和设备到达空军基地，登上了开往班达亚齐的飞机。坐在一大堆食品、柴油燃料和士兵之间，他们赶赴重灾区，而这让他们的人生从此不再一样。

飞机降落在班达亚齐，迎接他们的是尸体发出的阵阵恶臭和堆堆废墟。靠近海滩的每栋建筑几乎都成了断壁残垣。尸横遍野，死亡的人远远超过幸存者，角落里到处都是烧焦的、肿胀的尸体，空气中弥漫着暴裂的污水管发出的恶臭，以及湿热环境中尸体腐烂的味道。幸存者极度惊恐，四处寻找他们失散的家人。此时，受灾程度才被世界其他国家和地区所了解。当艾勒、塞缪尔和斯科特抵达时，几乎没有任何救援活动开展。他们是这个地区的第一批“局外人”。在印尼翻译罗勒的帮助下，他们立刻开始工作。

成为领导者，勇于担当职责比领导力更重要。

这里几乎没有医务工作者。当地的医院被催毁了，很多医生和护士也被夺去了生命，但仍有成千上万名伤员和奄奄一息的人被送到临时搭建的医院。连续四天，艾勒他们一直在与时间赛跑，切除伤口中腐烂感染的部分、帮助动手术和截肢、搬运尸体以切断传染源。伤病人员等候数天，只能得到有限的医疗救治，而且没有任何麻醉措施。

第五天，通往该地区的大门终于被打开，援助从世界各地纷至沓来。这时，艾勒三人已经筋疲力尽，他们将手头工作移交给受过专业训练的急救人员，登上了回家的航班。短短五天时间，许多生命得以翻转，包括他们自己。

你可能会想，当海啸发生时，恰好有三名年轻的医生在附近，是一件多么幸运的事情。但关键是，艾勒、塞缪尔、斯科特三人没有任何医学背景，他们是冲浪爱好者，是专业摄影师与商人，而不是灾后救援人员。一些急救组织认为他们不是最早进入灾区的援助者，至少不认为他们能提供医疗救助。然而，在海啸发生的头四天，当其他救援组织还在试图取得进入该地区的通行证时，这些“厚着脸皮”的冲浪者已经游说成功，进入了这一封闭地区。倘若没有他们的帮助，许多人的生命可能永远会画上句号。

成为领导者，勇于担当职责比领导力更重要，艾勒、塞缪尔、斯科特三人很好地诠释了这点。领导力并不是从头脑开始的，而是从内心开始的。尽管他们缺乏各种资源和医学装备，但他们有使命，希望得以实现，秩序得以重建，不管环境多么暗淡、可怕。

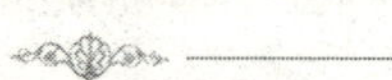

行动不是来源于你的思想，而是来自于你愿意担当。

——迪特里希·朋霍费尔

倘若你想做出积极的改变，并让世界因你而不同，首先要勇于担当责任，无论你觉得自己如何装备不足，或有多大困难，都不重要。增强责任心，提升你的影响力，不要等待别人做出改变。如果你认为创造美好未来百分百是你的责任，你就是自己未来的队长。

一名著名电台评论员曾如此说：“你的人生之所以如此，是你自己把它变成这样的。”当我第一次听到这句话时，觉得说话的人完全没有顾及那些遭受不幸之人的感受。不是每一个人都能从家庭中获益的，世上有很多问题家庭，也有许多人受过不公正的对待，他们的人生能反映出这一点。但我越思索这句话，我越意识到这是一句强有力的话语，能让人得自由释放，从而创造更美好的生活。

如果你对今天的自己负完全的责任，你就完全有权改变自我。如果你将现状归咎于糟糕的外部环境，你需要某些有利条件才能变得更好。将自己视为环境的产物，意味着你将自我发展的机会拱手让给环境。既然我们不能总是控制环境，就要尽可能利用有利的处境来改善处境。不要因自己“糟糕”的表现而怨天尤人，这会给你带来消极影响，而无法创造美好的未来。

你应当成为自己人生和周围环境的主宰。不论环境多么艰险，你都应当勇于担当，满怀激情。不要像有些人那样，他们需要万事顺利才会积极乐观，这会使事情变得更糟。当美国阿波罗13号宇宙飞船发生严重故障时，宇航员吉姆·洛威尔报告说：“休斯敦，我们遇到了问题。”接下来，他并没有抱怨说：“天哪，我可没有准备好面对这个问题！”相反，他勇敢地担当起了队长的责任，安慰其他宇航员，冷静积极面对问题，最终成功驾驶飞船返回地球。

领导力大师约翰·麦克斯韦尔认为，仅有百分之二的人是改变的发起者，其他人要么逐渐接受改变，要么抵制改变。要成为那百分之二的人，你需要做些什么？你仅仅需要下定决心成为这样的人，成为其中一员！你是否够资格无关紧要，你唯一要做的就是积极行动。将自己视为发起者，视作决定环境的那个人，而非适应环境的人。

为你和你的团队启动拓展计划。无论你觉得自己是否胜任，勇敢地承担起责任，营造热情高涨的团队气氛。艾勒、塞缪尔和斯科特并没有“医学资历”来胜任救助班达亚齐灾民的任务，但他们却勇于担当，重建希望与秩序。他们不去关注自己所没有的，而是关注他们所能做到的。正是这种积极改变的心态，使他们帮助了无数命悬一线的人。

你是否敢于担当并做出积极的改变？不论你觉得自己多么无能为力，不论路上有多少艰难险阻，都要肩负起百分百的职责，为你的人生和团队做出积极的改变。树立一个勇于担当的好榜样，这是成功的基石所在。

如何肩负责任

1. 从今天开始，把自己视为积极承担责任的人，并为勇于担当而自豪。

2. 到目前为止，你是唯一需要为自己的人生负责任的人。不要因为自己的生活状况而埋怨任何人或任何事情。如果你为过去承担全部的责任，你就有力量去创造自己的未来。

3. 邀请那些你钦佩的、勇于担当的人共进晚餐。你负责买单！跟他们谈论负责任这个话题，询问他们是什么因素激励他们勇于承担。学习他们的品质。

4. 向你的领导请求担当更多责任，说到做到，不找任何借口。

快速加油：责任

你总是百分之百掌控，无论你作为或者不作为，都要为你生命中发生的所有事情负完全的责任。

——达伦·哈代

（畅销书作家、出版商）

你生命中最好的年华，就是你不推卸责任的时候。你不将困难归咎于你的母亲、生态环境或者总统。你意识到你掌控自己的命运。

——阿尔伯特·艾利斯

（美国临床心理学家、认知和行为疗法的始祖）

你不可能做所有的事情，但这不能成为你不去做的借口。

——阿什利·布里连特

（英国作家、漫画家）

你不必为童年时的思维编程负责。但作为成年人，你有责任去修理好它。

——肯恩·凯耶斯

（美国作家）

行动不是来源于你的思想，而是来自于你愿意担当。

——迪特里希·朋霍费尔

（德国神学家、哲学家）

所有的抱怨都是浪费时间。不论你如何挑剔他人、埋怨他人，都不会改变你自己。

——韦恩·戴尔

（美国畅销书作家，激励演讲大师）

借口是失败引诱我们入睡的摇篮。

——佚名

1.
责 任

“我必须做点什么”，总是比“有些事情需要做”更能解决问题。

——佚名

逃避责任是容易的，但我们无法逃避因此带来的后果。

——约西亚·查理斯·史丹普

（英国经济学家和商人）

愿意为自己的人生负责是自尊的源泉。

——琼·狄迪恩

（美国当代著名女作家）

成功工作坊：责任

1．你能很快承担责任，还是需要一些激励？在下列刻度表上列出自己的位置。

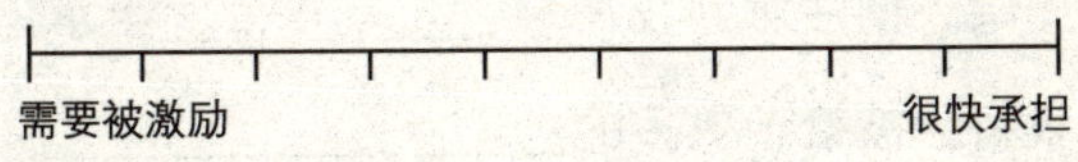

2．在你认识的人当中，谁是能很快承担责任的楷模？

____

____

____

就承担责任而言，哪些方面使得他们的人生比你的更加精彩?

____

____

____

3. 列出三条你觉得很难承担责任的理由。

____

____

____

4. 完成以下句子：

如果我在__________________________上承担更多责任，

我将享受更多的__________________________________。

如果人们注意到我在________________上承担更多责任，

我将会被给予更多的______________________________。

5. 我承诺在以下事情上承担更多责任：

____

1.
责 任

当我专注于以下事情，我的团队成员会增强他们的责任感：

2.
信 念

信念乃一门艺术：无论你的情绪如何变化，

你都要坚守你已经认定的事物。

——C. S. 路易斯

（英国著名学者、作家）

即使要自保，一条毛毛虫也无法跳离地面一毫米。你若仔细考察毛毛虫的形状和习性，你会以为这种小家伙只配拥有平庸的未来。然而，这是一种错误的想法。尽管毛毛虫的模样毫不起眼，它里面却蕴藏着嬗变的能量。在毛毛虫的DNA里，包藏着让它破茧成蝶的密码。这种嬗变是如此惊人，让人很难相信丑陋的毛毛虫竟然是蝴蝶的前身。

我们每个人也同样蕴藏着这种嬗变的能量，而信念则是启动我们嬗变的机关。

没有人生来就成功。有人成功，是因为他们相信自己的人生可以变得更加精彩，并以行动来支持这一信念。这就是信念的定义：在你尚未看到任何迹象之前，就相信更好的生活是可能的，并把这种信念付诸行动。正是这样的信念使人们进入到嬗变的茧里。那些从来不相信自己能成功的人，是不可能成功的。

> 此时此刻，你需要做出决定，究竟在恐惧中还是在信念中度过此生。
>
> ——芭芭拉·杰洛提

你可能会说服自己相信，有些事情是不可能的。对于一条匍匐爬行的毛毛虫而言，变成一只美丽的蝴蝶，想飞往哪里，就飞往哪里，这太不可能了。但这不仅可能，而且注定要发生。同样的道理，你的成功不仅可能，而且注定会发生；这一嬗变过程等着你用信念去启动。你首先必须相信这一切。正如弗里德里希·施莱格尔[①]（Friedrich von Schlegel）所言："在现实生活中，每项伟大的事业都是靠信念迈出第一步的。"

信念分为两个阶段：诞生阶段和发展阶段。诞生阶段发生在

---

① 弗里德里希·施莱格尔（1772–1829），德国作家、语言学家、文艺理论家。

2.
信念

很短的时间内，当有人相信某件事情是可以做到的，那一刻信念就在他身上诞生了。信念一旦诞生，就需要用一生来强化这稚嫩的信念。正如富能仁[①]（J. O. Fraser）所言："信念就像一个人的肌肉，用得越多，越是强壮；而不是橡胶，一旦拉长就变弱。"

仅仅"有信念"还远远不够，你必须承诺增进和强化你的信念。这不是"一蹴而就"的过程。可以肯定的是，当你有了信念时，每一项挑战、拒绝和挫败都会侵蚀你的信念。因而仅仅开始相信是不够的，你每天都需要重新相信，并付诸行动，让信念更为坚固。人们总是说要"坚守信念"是有理由的，因为你可能会失去它。

当然，当你坚信的事物是值得信赖的，它就能很有效地提升你相信的能力。正如古语所说："对一座牢固的桥信念不足，总比对一座脆弱的桥有坚定信念要好。"即使你搞砸了一切事情，一位富有的叔叔也会赶来搭救你，这是盲信，也是滥用信念。相信你有能力改善生活，让它变得更好，这是正确的信念。无论你的境况如何，你确实有能力让事情变得更好。

信念是凝聚团队的重要因素。在团队当中，需要共同的信

---

① 富能仁（1886–1938），英国籍，于20世纪上半叶在云南省西北部的傈僳族中间生活近30年。

念将人们团结在一起，朝同一方向迈进。当人们失去信念，团队就会分崩离析。你们共同参与事业的信念有多强大，你的小组、团队或组织就会有多强大。在任何团队里，谁自称为领导者都无关紧要，人们只会跟随对自己和产品最有信念的人。如果你想成为团队领导者，你无需赢得选举或得到提拔；只要你对你们的产品、服务和成果有最强的信念，你就是领导者。你的团队自然会受你影响，效仿你，而不看你的职衔。

如果你是领导者，而信念却在下沉，你就必须提升信念。你也许可以随风飘荡一会儿，但人们是有直觉的。不一会儿，你的跟随者就能感觉到你信念的油箱空了。他们会怎么做呢？他们也会跟随你！但如果你越来越怀疑，他们仍会跟随你，并在“怀疑大街”上迷失方向。若没有凝聚人心的共同信念，人群就会分散。有人就此离开，其他人转而寻找新的领导者。不要让这些事情发生。如果你发现自己正在失去信念，找到其他信念很强的领导者，向他们“借取”信念，直到你恢复自己的信念为止。

你如何在团队建立信念？第一步就是谈论它。让信念成为团队的话题。人人都想拥有信念。每个人心中都希望未来更好，因此你无需向人们兜售要有信念这一观念。然后，告诉他们孕育信念、诞生信念和发展信念之间的细微差别。是什么导致你开始有信念的？你是如何强化信念的？分享你的故事，也让团队成员来分享他们的故事。大多数人仅仅需要许可和鼓励，就可以开始。当他们听到你的故事和其他人的经历，他们将会意识到，信念不过是一个决定而已。

成功只属于那些靠信念行事，而非感情用事的人。

你的团队需要知道，拥有信念并不难。他们也需要知道，时不时面临信念危机是正常的。我们时常都会疑惑，我们是否注定就是毛毛虫，在余生里眼巴巴瞅着蝴蝶自由自在地飞翔？有时候，我们的信念会受到环境的打击，而有时候我们仅仅是太疲惫了。一个好的领导者不会因为人们偶尔面临信念危机而责备他们，但好的领导者也绝不会允许人们沉溺于此。信念弱的时候，情绪（通常是坏情绪）就会变得强烈。成功只属于那些靠信念行事而非感情用事的人。因此，建立团队精神非常重要，要在每个人心中树立对自我、对产品、对服务的信念。

第二步，召开信念聚会。集体信念强，会激发个人信念。你无需是宗教信徒才能召开信念聚会。信念超越宗教。信念是相信未来比现在更好，并为之付诸行动。正如美国当代牧师鲍凯索（W. T. Purkiser）所说：“信念不仅仅是认为某件事情是对的。信念是认准此事正确到为之付诸行动的地步。”召开团队信念聚会，开展信念野餐会和信念工程，为团队中每个成员初生的信念而庆贺，为强化团队信念和目标而庆贺。成功的第一步往往始于信念的飞越。

如何获得信念

1. 牢记下面这句话：“信念是把我相信的东西付诸于行动。”

2. 让信念而不是情绪来操纵你每天的导航系统。

3. 列出你所有受信念驱动的行为和受情绪驱动的行为，让信念胜过情绪。

4. 与团队成员聚一聚，相互交流建立信念的步骤和策略。彼此激励忠于信念驱动的行为。

快速加油：信念

信念就是眼睛尚未看见就相信，其回报就是你真正见到你所相信的。

——圣奥古斯丁

（古罗马时期著名基督教思想家）

2.
信 念

当你容忍你的恐惧比你的信念更大时，你就阻断了自己的梦想。

——玛丽·马宁·莫里西

（美国激励演说家）

信念就像电。你看不到它，却能看见它发出的光。

——佚名

人不应在信念疲弱之时抛弃它，就好像不应该在西装需要熨烫时就丢弃它一样。

——弗兰克·A. 克拉克

（神学家）

信念为“去做”提供燃料，而怀疑为“不去做”找借口。

——佚名

信念不是像咖啡或牙膏那样的商品。它更像一棵树，它会生长。

——大卫·温特

信念就是坚持赛跑，并相信可以得到助力。

——威廉·亚瑟·沃德

（美国著名作家）

我宁愿在信念这边犯错，也不愿在怀疑那边徘徊。

——罗伯特·舒勒

（美国著名牧师）

信念不是信条。信条是被动的，而信念是主动的。

——伊迪斯·汉密尔顿

（美国著名历史学者）

信念是一种状态，它让你成长。

——圣雄甘地

（印度国父）

信念让事情变得可能，但不容易。

——佚名

此时此刻，你需要做出决定，究竟在恐惧中还是在信念中度过此生。

——芭芭拉·杰洛提

2.
信 念

成功工作坊：信念

1．为你的信念采取行动容易吗？或者你很难拥有信念？在下面量尺上列出自己的位置。

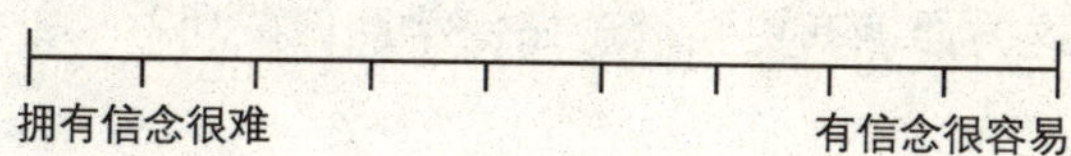

2. 哪三大因素阻碍我迈出信念的大步？

____

____

____

3. 我曾经迈出的最大的信念大步是：

____

____

____

4. 哪些人是因为他们伟大的信念而值得你敬佩的？他们的信念如何在其生命中表现出来？

____

____

____

5. 如果你能在某一方面增强信念，是哪一方面?

____

____

____

在这方面拥有更强信念如何帮助你成功?

____

____

____

3.
愿　景

没有什么能比吸引人、有价值、可达成的
未来愿景更能驱动企业走向卓越和恒久成功了。

——伯特·纳努斯
（美国领导力学者、教授）

2005年的一天，我正在收拾去埃及开罗的行装。临行前最后一分钟，我决定把行李换到一个稍小一点的行李箱里，就急忙把所有物品从一个行李箱倒入另一个行李箱里。在这个过程中，我没有注意到，我的眼镜没进到箱子里，而是滚到了床上。我匆匆忙忙赶去机场，登上班机，当时我戴着隐形眼镜。我没有想到这次行程就因为眼球上两片薄薄的塑料膜，差点导致我失明。飞机飞行几个小时后，我准备摘下隐形眼镜，换上边框眼镜，这才发现它远在上千英里之外。

尽管意识到自己的错误，但我想与其费劲在异国他乡找验光师，还不如一直戴隐形眼镜对付一下。这个策略让我应付完了整整一周的会议和演讲，直到最后一天晚上，我完全没有料到，自己竟会几乎失明。

最后一晚，东道主带我去开罗大学对面马路的夜市。那里热闹非凡，充满着夜生活气息，似乎全埃及的人都跑到这里来逛街。集市上食肆林立、人头攒动、熙熙攘攘，夜空中传来阵阵音乐，还飘荡着中东美食诱人的香味和数千条烟管呼出的烟草味。尘土以及各式各样的巴士、轿车和出租车排放的废气，使得空气变得浑浊不堪。这些都不是问题——假如我一直戴着边框眼镜的话！然而，那天戴了十八个小时的隐形眼镜后，我的眼球罢工了。隐形眼镜片失去了水分，粘到眼球表面。我眨眨眼，眼皮却睁不开。我彻底成了盲人。

> 领导力的核心在于你拥有愿景，并随时随地都能清晰并强有力地表达这个愿景。

那天晚上的兴致突然被打乱，大家手忙脚乱地赶紧寻找凌晨一点还在营业的药房。如果我需要的是一条金项链或一块手工编织的地毯，我就来对了地方，然而我需要的是能让眼睛好起来的某种特殊药水。我曾经听过这句谚语："没有异象，民就放肆。"[①]我觉得自己正在亲身验证这条准则的正确性！终于，我们找到了一个能提供药方的地方。重获清晰的视力，我如释重负。

回到洛杉矶后，我立刻与一位眼外科医生预约，进行激光手术，治疗我的近视眼。我考虑动这个手术已经好几年了，在开罗的那一晚促使我下定决心，因为我再也不愿经历那样的无助。幸运的是，手术非常成功，自那以后，我恢复了良好的视力。

同样，缺乏清晰的愿景，即不知道你的生活将向何处驶去，也会让你感到无助。许多人缺乏个人意志，因为他们没有清晰的愿景，不知道该往何处去。没有什么比清晰诱人的目的地更能让人们坚定前行的脚步。

有人曾经揶揄道："如果你不知道要去哪里，你一定会去到某个地方的！"这个地方并不是那么令人陌生。我父亲二十五年前去世，我至今仍清晰记得他告诉我："儿子，如果你没有目标，你将一事无成！"这情景恍若昨天发生的那样历历在目。

下定决心对自己的未来负责，并强化信念，下一步就是选

① 异象和文中的愿景原文都是一个词。

择你所能到达、激动人心的目的地。在某些圈子里，它被称为拥有梦想。梦想就是对某事的渴望，而要让梦想成真，必须从想象开始。辉煌成就从来都不是偶然取得的，伟大成就始于伟大梦想。

最近，我和世界越野摩托车锦标赛冠军格雷格·阿尔伯丁共进午餐。他年仅十二岁时，就渴望成为世界冠军。多年来，当他摔断骨头、孤单寂寞、失望沮丧、屡次想退缩放弃时，成为“最好中的最好”的愿景，不断激励他前行。他在南非出生和成长，那里并非摩托车越野赛之都，但他最终击败了欧洲和美洲的最佳赛手，成为世界冠军。赢得成功需要付出艰苦的努力，格雷格明确的愿景，为其努力增添了助力。

梦想的目的在于激发你，让你付诸行动。我还从未听到有人说：“一个温温吞吞的愿望促使我到达成功之巅！”你需要一个强烈的愿望，敦促你清晨跳出被窝，冲入充满拒绝的战场，而不失去最初的热情！正如罗伯特·克里格尔[①]（Robert Kriegel）所说：“关键在于拥有梦想，激励我们去超越自身的局限。”

---

① 罗伯特·克里格尔，《纽约时报》畅销书作者，人类行为和变化心理学研究领域的先锋。

3.
愿 景

有些人拥有梦想，却希望找到通往成功的捷径。那不是愿景，而是一厢情愿！成功从来都来之不易。那些寻求“捷径”的人往往被引诱去抄近路，最终被领到死胡同，一切又需从头开始。关键不是找到通往成功的捷径，而是确定一个强烈的愿景，无论路上有着多少艰难险阻，让它激励你去实现梦想。激励你通往目的地的愿景是永葆激情的关键，否则你会中途熄火。

> 伟大的愿景来源于伟大的团队。
>
> ——戴夫·吉本斯

我多么希望能告诉你，我每一个异想天开的梦想都变成了现实。坦白说，情况并未如此。我那些破碎的梦想高得可以堆成一座山，有些梦想从未实现。但有一件事是确定的，我所有重要的成就都起源于一个梦想。随着我越来越熟谙成功之道，我对自己的梦想也越来越严苛。如果梦想不再激发我的斗志，我会将它们扔出去。失去激励作用的梦想会适得其反，只是一种义务，不再鼓舞人心。丢掉它吧！倘若它不能点燃你，就扔掉它！虽然它比其他事情更能催促你起床，但如果你每次想到它，都不能让你微笑，那就给自己找一个新的梦想吧。

一旦你确定了一个激动人心的目标，就把它写下来或画出来，贴在比较醒目的地方，时常提醒自己。有些人将他们的梦想做成画面当做电脑或手机壁纸，另一些人将他们的梦想变成照片贴在冰箱或办公桌上。

我的朋友雷和他太太朱迪拥有一家财富管理公司。他们有几个房间，专门用来约见客户。但他们并没有用常见的专业方式来装修这些房间，而将每个房间以主题风格进行装饰，代表人们对未来的不同愿景。其中一个房间是热带岛屿风格，四壁贴着沙滩壁纸，室内有小竹屋、棕榈树，甚至还有沙滩玩具。漫步其间，你感觉正行走在热带海滩上。置身其中，你觉得自己正在享受假期。唯一缺少的是地板上的沙子，雷可能正在想办法将它变成现实呢。走入另一个房间，你恍如置身于巴黎的咖啡馆。再走进另一个房间，你发现自己来到了亚洲的某个地方。雷和朱迪花了很多心思，让每个房间的装饰风格都能激励和提升客户的愿景。

流体领导力的发起者和呐喊者戴夫·吉本斯（Dave Gibbons）最近说："伟大的愿景来源于伟大的团队。"倘若你缺乏愿景，可能与你正在与什么样的人交往有关。当你身处有激情、有远见的人群中，你更容易激情满溢。如果你周围的人对他们的生活怀抱伟大愿景，同样的激情也会影响你。

3.
愿 景

如果你正在带领团队，让团队的愿景时刻摆在队员面前至关重要。人们容易忘记愿景，或者生活中的繁杂冗事将愿景淹没。团队愿景会凝聚整个团队，并使团队充满活力。你们的团队愿景是什么？你多久时间为你们的愿景庆祝一次？西奥多·海斯堡[①]（Theodore Hesburgh）曾说：“领导力的核心在于你拥有愿景，并随时随地都能清晰并强有力地表达这个愿景。你无法吹响一支音调不定的号角。”

我养成了帮助自己专注于明晰愿景的习惯。每晚临睡前，我都会将梦想写在我所谓的“成功日志”上。尽管前一晚甚至更早时，我已经将这个梦想写下来，但我仍会再写一遍。我发现，如果我不日复一日提醒自己，就会失去专注。梦想变得模糊，就会失去力量。当梦想变得模糊不清时，就很难实现了。每天晚上写下梦想，让我不至于失去我的专注。开始每天写下你的愿景，看看它究竟会对保持你和你团队的激情有多大的影响力。

① 西奥多·海思堡，美国圣母大学前校长、高等教育界著名人士。

如何拥有愿景

1. 从五花八门的梦想中挑出你最想做的“那一件事”，宣布它为你的愿景。

2. 用一句你能记住的话来表述你的愿景。

3. 用一个具体的代表物来表达你的愿景，比如一张照片或过塑卡片，时常提醒你正在瞄准的目标。

4. 找到一位志同道合的搭档，分享彼此的愿景，互相激励。

5. 与你的团队举办愿景聚会。庆祝那些可能性，并称赞每个人的未来愿景。

6. 作为团队领导人，每次聚会时都要大声说出你们团队的愿景。

快速加油：愿景

我们透过我们的想法来提升自己。我们透过愿景向上攀爬。如果你想扩展你的人生，你必须先扩展你对人生及自己的想法。在任何时候、任何地方，都要把你想成为的、理想中的你紧紧放在心中。

——奥里森·斯威特·马登

（伟大的成功激励导师）

3.
愿景

想象你成功的画面，并把这个形象刻在你的心中。紧紧抓住这个画面，绝不允许它褪色。你要想方设法去实现这个画面。

——诺曼·文森特·皮尔

（积极思维理论的先驱之一）

不满和失望不是缺乏物质引起的，而是缺乏愿景引起的。

——佚名

当一个人对着一堆石头沉思，头脑中呈现一幅教堂的图画时，这堆石头就不再仅仅是一堆石头了。

——安托万·德·圣埃克苏佩里

（法国作家，《小王子》的作者）

领导者有着梦想成真的愿景和信念。他激发出成功的力量和能量。

——拉尔夫·劳伦

（美国知名时装设计师）

未来属于那些还没有成功迹象，却已看到可能性的人。

——约翰·斯卡利

（美国企业家，苹果公司前任首席执行官）

当你有了愿景，它会影响你的态度。你的态度应是乐观多过悲观。

——查理斯·斯温道尔

（著名牧师及作家）

愿景是看到无形东西的艺术。

——乔纳森·斯威夫特

（英国讽刺文学大师，代表作《格列佛游记》）

梦想极其重要。如果你不敢想象，那你就无法成功。

——乔治·卢卡斯

（美国电影导演、制片人、编剧）

如果没有目标，那么你在赛场上奔跑一辈子，也得不到一分。

——比尔·科普兰德

（美国诗人、作家、历史学家）

3.
愿 景

伟大的愿景来源于伟大的团队。

——戴夫·吉本斯

成功工作坊：愿景

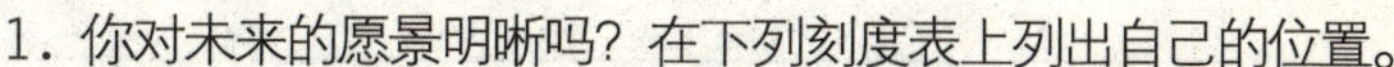

1. 你对未来的愿景明晰吗？在下列刻度表上列出自己的位置。

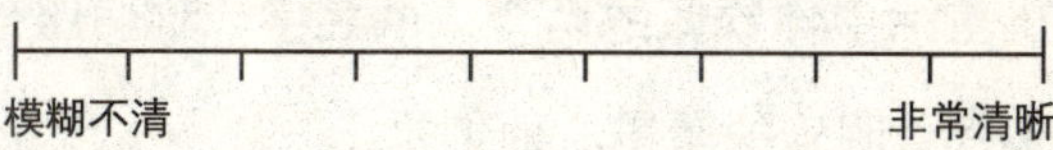

2. 用一句话概括你对未来的愿景：

____

____

____

3. 用一句话概括你们团队的愿景：

____

____

____

4. 下面三件事阻碍我专注于自己的愿景：

____

____

____

5. 当我实现未来的愿景后，我的生活将会在以下几个方面变得更好：

____

____

____

6. 列出生活中你钦佩的两个人的名字，你佩服他们对自己未来有着明确的愿景。他们是：____________________

和____________________________________。

你能在哪些方面效仿他们?

____

____

____

4.

激 情

对任何目标的激情，将会确保成功，

因为达到目的的愿望，会指明方向。

——威廉·赫兹里特

（19世纪初英国著名散文家）

激情从何处来？有些人是不是生来就比其他人更有激情呢？若无激情，你能否成功？

每一个人生下来就有能力饱含激情。我见过的每个婴孩，在他们饥渴或需要干爽尿布的时候，都具备与生俱来的制造一场风暴的能力。无论白天黑夜，这些带来欢乐的小人儿完全无视噪音控制标准，总是用他们那充满激情的呼喊，使自己的需要得以满足。

激情是一种自我驱动、迈向渴求目标的能力，是人人都具备的天生倾向。缺乏激情，你就无法成功。

你不会失去激情，它只是经常被掩埋在一堆杂物下面。因此，当你看到有人缺乏激情，他们并非失去充满激情的能力。更多时候，人们只是受诸多外物干扰，激情被挡在赛场外。

> 激情吸引人，愿景激励人，价值观留住人。

我们每个人都认识激情澎湃的人。说实话，其中一些人如此豪情万丈，让我们相形见绌。我们是否需要跳下飞机，或是跟鳄鱼摔跤来释放体内激情呢？不必。你需要多少激情才能成功呢？越多越好。对你所做事情充满激情是成功的关键。激情吸引人，愿景激励人，而价值观留住人。

激情在不同性格的人身上以不同方式彰显。我认识一些含蓄保守的人，他们的激情静水流深、恒稳持久，他们用结果来证明激情。激情绝非浮华炫耀。不要被误导，认为只有像电视销售讲解员那样才能成功。关键在于，不是让你成为他人，而是让你对自己的事业更有热情。正如20世纪英国著名作家E. M. 福斯特（E. M. Forster）所言：“一个充满激情的人胜过四十个仅仅感兴趣的人。”

4.
激 情

是否有些人天生就比他人更富激情呢？换言之，他们是否带着双份激情出生的呢？如果这是事实，我们所有人都为自己缺乏激情找到了一个很好的借口。我们可以把自己归入“天生”缺乏激情的人群中，这将成为我们的托辞。问题在于，没有人真正清楚激情究竟是天生还是后天培养的。多年来，心理学家就“天生论”和“后天培养论”争论不已。

我的结论基于经验和观察得来的证据：满怀激情的人比缺乏激情的人更容易取得成功。如果立定心志，人人都能提升热情。无论你自认为天生拥有几分热情，你都有潜力、有需要去提升它。激情是一块成功的磁石。以下是一些引发激情的催化剂。

通过生活重组来提升激情

我们生来就具备充满激情的能力，但是我们的激情易受生活琐事的压抑。人们往往认为自己缺少激情，实际上他们只是缺乏让激情生长和呼吸的空间。激情掩埋在繁冗重物之下。如果你想感受到激情，就必须创造空间，点燃激情。创造激情生长的空间，是重新感受到激情的关键。

现代社会的一大陷阱是，人们整天活在生活的边缘。空间很少被创造，更不用说被保护了。每一刻时间、每一分闲钱都被利用，通常用于崇高事业。有时人们“为了事业”而过度伸展自己，而过度用功的牺牲品就是我们的激情。终于有一天，我们一觉醒来，却不知道激情去了哪里。我们感到意兴阑珊、索然无味，认为解决缺乏激情的办法是“做点别的事情”。我们抛弃脚下的道路，去“寻求更好的事情”。但其实，我们的激情并未消逝，也未曾离开，仅仅是被埋葬了。若没有走出来呼吸空气的空间，激情依旧会被掩埋。

我们若想成功，关键在于如何管理我们的生命。竭力利用每一个清醒时刻，去创造生产力，没有为心灵留出一片呼吸空间，将会导致精神之泉干涸。精神状态控制着激情的高低。美国最大快餐连锁店Chick-fil-A创始人特鲁特·凯西（S. Truett Cathy）要求旗下所有餐厅星期天不营业。华尔街曾批评他为此损失了大量利润。对于一家餐饮企业而言，周末两天是黄金时间，居然关门一天，无异于自杀。然而，特鲁特·凯西不愿在星期天工作。他喜欢从繁忙的生意事务中抽身出来，享受一天的安宁，这令他精神焕发。他认为餐厅所有员工也应该享受同样的休憩。尽管周末关门一天，这家连锁快餐店的盈利仍令他们的竞争对手艳羡不已。正如有人开玩笑说：“星期天关门，让他们家的鸡肉三明治在星期一是如此美味！”

满怀激情是我们事业成功的关键，但你必须在生活中为激情创造空间，让它尽情呼吸。我想那些游手好闲之徒会喜欢我写的。我好像能听到你告诉伙伴们：“嘿，我现在不工作，因为维斯·比维斯告诉我应该为激情实施心肺复苏手术，让它起死回生！”因此，我需要明确关于空间的概念，这是专门针对那些高创造力，却发现自己激情消退之人说的，那些缺乏创造力的人不要以此为借口！

在商业世界，每天都有许多破产企业通过所谓的“重组”过程起死回生。这是很好的运作方式，使人们不至于丢掉饭碗，挽救某些标志性品牌不至永远消亡。其实，个人生活也适用这一概念，因为很多时候，我们需要大幅度的重组，以便重获激情。

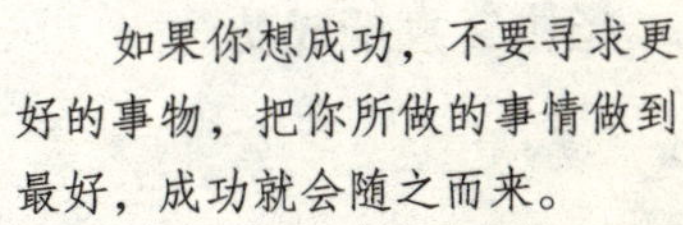

如果你想成功，不要寻求更好的事物，把你所做的事情做到最好，成功就会随之而来。

——查理·琼斯

生活中的事物瞬息万变。你瞄准的目标是会移动的，你的赛跑是没有终点线的。你需要承担责任，保持充沛的精力，应对健康问题，协调各方关系，面临失落，等等。难怪你的激情会时不时擅离职守，它会被其他力量赶出门。

如果我们暂时失去了激情，不要尝试变换一种新的生活。正如伟大激励作家和演说家查理·琼斯所言："如果你想成功，不要寻找更好的事情。把你所做的事情做得更好，成功就会随之而来。"把所做的事情做得更好，需要你重新整理"生活中的家具"。

许多让我们耗尽激情的事情都是崇高的，例如送孩子去踢足球，参与某些有意义的事业。这些事情是我们生命中的重要组成部分，但是如果它们吸干我们的精力，就已经越界。善于管理生活中的各项元素，让你能在各样事情之间应对自如，激情饱满。如果你不管理生活，你就会被生活中的随意性而管理。除非你亲自为激情开辟一片天空，外部情形是不会为激情留下立足之地的。为激情创造呼吸的空间，激情就会令你策马扬鞭，直抵成功。

与满怀激情的人交往

当我们觉得激情之火燃尽，与满怀激情的人交往能点燃我们萎靡不振的精神。诺贝尔和平奖得主阿尔伯特·史怀哲（Albert Schweitzer）说道："有时候，我们心中的火焰熄灭了。当我们遇到某个人时，它又会再次燃烧起来。我们应该感谢这个重燃我们内心火焰的人。”

满怀激情的人散发的激情常常能感染我们。有位足球教练跟他的一个队员说道：“年轻人，干得好！你的射门、避让、拦截、假摔实在棒极了！”这位队员回应道：“这太容易了，教练，我常和妈妈一起购物！”

如果你想在生命中拥有更多激情，那就与满怀激情的人交往。我们会在潜意识里模仿经常交往的人。伟大的投资家巴菲特说道：“要与比你更优秀的人来往，你也将不知不觉变得更加优秀。”

> 如果你想在生命中拥有更多激情，那就与满怀激情之人交往。

反之亦然。当心你交往的朋友。消极的人是激情汲取器。倘若你缺乏激情，看看你与谁在一起的时间最多。原因可能在于你所处的环境中，几乎或根本没有令人振奋的力量。

与满怀激情的人相处，当你这样做的时候，要注意你不要去抽取他人的激情，否则你不会再受到邀请！不要忘记，没有什么能阻拦你召集和组织有激情的人相聚。你不仅要给周围的环境带去激情，更要把有激情的人聚在一起。

改变世界的梦想

成为梦想者不仅仅意味着想象你和所爱的人躺在充满异域风情的沙滩上。诚然，在异域风情的沙滩上休闲放松，是一个不错的梦想，但你也应当拥有改变世界的梦想。事实上，你有责任拥有这样的梦想，这对全人类有好处——人类依赖梦想者。停下来想一想，多少发明创造让我们的生活变得更美好？手机、飞机、互联网、抗生素等等，我们还不应该忘记发明麻醉剂的人！

这些发明创造，曾经仅仅是发明家大脑中的梦想。他们梦想解决问题，改善生活，这激励他们倾其所有，为人类寻找解决之道。

> 世界需要怀揣梦想、寻求解决之道的人。

18世纪末，黄热病肆虐美国，成千上万人丧生。这种致命病毒袭击东部海岸和墨西哥湾沿岸居民，费城损失了十分之一的人口。医生们疑惑不解，不知道是什么原因造成疾病蔓延，那些常用的医学防御措施，比如改变生活习惯，用醋和樟脑消毒起居室，或避免接触病患，丝毫不起作用。

古巴医生卡洛斯·芬莱（Carlos Finlay）经过潜心研究，提出这种病毒的传染途径不是来自于人类，而是来自蚊子。他提出蚊子是散播夺命病毒的罪魁祸首，但这个新奇理论多年来备受奚落。《华盛顿邮报》嘲讽芬莱的蚊子理论“愚蠢和荒诞”。黄热病依旧大肆横行，吞噬生命。由于数千工人死于该病，法国人不得不放弃继续修建巴拿马运河的努力。

二十年来，卡洛斯·芬莱一直孜孜不倦地努力，以取得科学界对其理论的认同，他的观点最终被沃尔特·瑞德（Walter Reed）、杰西·拉兹尔（Jesse Lazear）和威廉·戈格斯（William Gorgas）三位内科医生接受。这些医生奉献毕生心血，致力于消灭夺去数万人性命的病毒。杰西·拉兹尔在一次临床实验中受到感染，不幸身亡。然而，他们的梦想最终得以实现。他们破解了战胜病毒的密码，遏制了疫情。通过实施芬莱最初推荐的方法，黄热病得到控制，修建巴拿马运河的工程也得以竣工。

瘟疫并非自行消失匿迹，正是许多怀着梦想、寻找解决之道的人，才让它得到遏制。他们的梦想改变了世界。今天，全世界有着许多生化学家在夜以继日地辛勤工作，渴望解开医学上无数的谜团。

我们每个人都有能力让这个世界变得更美好。问题激增，需要更多的改进。世界需要怀揣梦想、寻求解决之道的人。不要做一个懒惰或自私的人。不要光顾着享受前人已经实现的梦想所带来的种种便利，而不去为后人寻找让世界变得更好的方法。胸怀伟大的梦想，让他人生活得更好，并为之倾注激情。渴望拥有一个漂亮的家，希望环游世界，这些都没有错，但不要止步于此。伟大的梦想将释放你和你伙伴心中的激情，这种激情足以改变世界。

点燃爱的火焰

激情之火很容易被爱的火焰点燃。通常我们麻木不觉、缺乏激情，因为我们爱的火焰熄灭了。爱之火焰可以指浪漫的爱情，而我指的是更宽广的含义。爱是一种选择，而非我们的感觉。

我们都有爱他人的能力，即使他们根本不值得我们去爱，即使没有任何回报。我们能够爱他人，仅仅因为我们选择去爱他们。当我们充满爱时，就能做到最好。我们越去爱，我们就会变得越好；我们越去爱，我们对生活就会越有激情，对未来更有信念。正如美国著名记者富兰克林·P. 琼斯（Franklin P. Jones）所言："爱并不能扭转世界，但爱可以使人生旅途更有价值。"

我发现，当我沉迷于自我时，最终会破坏我对生活的激情。我意识到"我"不足以使自己激情洋溢。另一方面，当我无私关心他人时，没有什么比这更能使我重生。当我们缺乏激情的时候，我们需要扪心自问：“我是否太关注自身的需要了？”

我当然明白，我们首先要学会爱自己，但如果我们只是爱自己，这种对自我的过度关注，很有可能会导致我们激情消逝。关怀他人会点燃我们心灵和生活的喜乐。如果你缺乏激情，很有可能你的爱心已变得冰冷。这种情况经常发生。有时我们如此忙碌于肩负的责任，却忘却了我们最大的影响力来自如何爱他人，而不在于取得什么成就。说到此，我觉得非常有必要说，爱得越多，成就就会越大。

专注于未来

太过专注于过去会汲干你对当下以及将来的激情。每一个人都曾在生活中搞砸一些事情。谁都想回到过去，好改变某些事情。然而，“再来一次”的起点总在此时此刻，而非过去！

从我们所关注的方向来看，似乎分成两类人：一种人爱回顾过去，试图弥补过去的错误或拼凑缺失的碎片；另一种人把全部精力投放在未来。我的一个朋友说：“如果总往后看，你就不知道自己去往哪里。”此言一针见血。我们无法想象，一直盯着后视镜开车。然而，多少次我们因为只盯着过去而失去了大好机会。我并不是说回顾过去不好，这样你不至于犯两次同样的错误，但绝对不要让偶然回顾变成长久注视。

沉迷于无法改变的过去，绝非明智之举！在机动车辆中，后视镜很小，而前面的挡风玻璃很大，这是很有道理的。你应该花更多时间看着你前进的方向，只需偶尔看看后面。梦想未来会点燃我们的激情，过去的事情则不会。专注于未来，忠诚于你的愿景，这会为你的激情增添燃料。

将不确定化为优势

生命有趣之处是，我们都生活在不确定的世界中。世上每一个人都会感到不安，并强烈渴望被接纳。无论是渴望穿上某个尺码的服装，还是梦想开某款汽车，所有人都在竭力寻求一定程度的认可。我曾与名流巨子、商贾富户、帅哥美女相处，你会认为，这些人应该不会有不确定感。然而，和其他人一样，他们有着自己的挣扎，同样渴望得到同伴的认可。有些人可能有时自我感觉极其良好，但千万不要被他们迷惑。当代电视明星沙龙·奥斯伯恩（Sharon Osbourne）说："名誉不会让你远离不确定感，甚至还会放大你的自我怀疑。"

世间所有的教育和心理辅导，都不能根除人性中深深的不确定感。因此，运用它有利的一面吧。渴望被接纳的需要，能点燃人们心中证明自己的激情。让不确定感驱使你达致卓越吧。

在我们生活的世界中，人们会注意并让路给那些尝试通过各种方式来努力证明自己的人。有些人因为没有被关注而气恼，他们反而会奋发图强，通过赢得某些荣誉来证明自己。证明自己会让他人关注到你。如果你能明智地管理好成功，它会提升你的生活品质。但它不能完全消除你的不确定感。要做到这点，你需要拥有比自身成就和他人称羡更强大的动力。然而，渴望证明自己，能激励你去改善生活。暂且不论这是否能保持平和心态，不可否认的是，证明自己的渴望能释放你内心深处的激情，让你和你所在的世界变得更好。

让不确定感推动你成为卓越。

召唤

召唤笼罩着一种神秘气氛，能引发激情。并非每个人都能感受到召唤，但有些人能，它是一种强大的驱动力。在人生旅程的某个顿悟时刻，有些人感受到某种召唤，要去做一些特别的事情。有人把他们的经历比作“神圣的沟通”。最近，美国一位职业棒球运动员拒绝了数百万美元的丰厚薪水，转而投身神职，把生命投入远离美酒、女人和金钱的事业中。是什么激励他做出这样的选择？是召唤——对某件事的激情远胜于名利钱财。

这种召唤不局限于神职。保罗·J. 梅耶（Paul J. Meyer）是一位世界知名的商人和慈善家，他受到召唤要去赚钱，这样他就能慷慨地支持慈善事业。为了这个目标，他在2009年离世前，捐赠了六千万美元。奉献钱财是保罗·J. 梅耶受到的召唤，这促使他尽可能多地去赚取金钱。

对那些在人生中经历过神奇召唤的人而言，再次与那份召唤相连会重振你的激情，投身于被召唤的事业。

绝境反弹

有一种激情来自于绝境反弹。当你对现有的生活感到如此愤怒、厌倦时，激情会在体内爆发，促使你为之行动。伟大的激励大师吉姆·罗恩（Jim Rohn）这样说："我发现'事情'绝不会自己改变的。当某个人积累了足够的屈辱、渴望和改变生活的决心，他最终会大声呼喊：'我受够了失败和羞辱，我再也忍受不下去了。'这时事情才会悄然改变。"

4.
激情

让我与你分享我的一次切身体会。

多年以来，我都为自己的超重找理由。我用诸如“我有一副大骨架”这样的话，为自己的超重找借口。我认为自己只是“一点点超重”，绝不承认肥胖。我以为自己可以穿进某号腰围的牛仔裤，直到发现必须买大一号的，才不得不承认腰围已经悄悄增加了一圈。假如我要拍摄一组写真照片，我就会在几周前尝试“卷心菜汤减肥法”。几个星期的控制饮食，以及摄像技术、灯光效果等，会使我的双下巴隐藏起来，仅此而已。要消除卡路里摄入过多的痕迹，数码影像只能做到这一步。

> 当你对现有的生活感到如此愤怒、厌倦时，激情会在体内爆发，促使你为之行动。

我无比感激自己生活在一个时尚年代，男士们可以穿衬衣而无需系扣子，这帮助我隐藏发胖的痕迹。但我讨厌去商场买新的牛仔裤，因为这样一来，我对高糖碳水化合物食品的喜好就会暴露无遗。年轻的时候，如果体重超出了一定范围，我会连续几周去健身馆运动一番，就可以将体重减轻。随着岁月流逝，集中运动、蔬菜汤饮食法等快速减肥方法，越来越不管用了。体重越来越难减掉。每当我大快朵颐之时，体内脂肪细胞一点点膨胀。终于有一天，这些小小的累加导致一切借口轰然倒塌。

为了出席一次特别的活动，我穿上了最钟爱的一套西装。这是我拥有的最经典的西服，是在澳洲墨尔本的男装专卖店买的。但当我把自己勉强塞入这套西服，本应穿出的精致线条全都不见踪影。华服上身，非但没让我显得贵气，反而使它跌了价。当我站在落地镜前，挫败感如潮水般涌来。就在那一刻，“一点点超重”的想法显得那么苍白无力。喝减肥汤、在健身馆运动几周就能回归“可接受体重”的想法，如海市蜃楼般虚幻。恢复苗条身材不止需要数周，也许需要半年甚至更长时间。我变成如此模样，实在没有任何借口。我需要负起全责。因为不关注自身健康，我吃成了一个大胖子，而我的心情跌落谷底。

我摆好照相机和三脚架，拍了一些不加修饰的照片，来记录我的体型。这些照片令我尴尬至极。毫无疑问，超出的体重让我的心脏不堪重负，就连走路时脚底都感到疼痛。这组照片为我减重的渴望加添了燃料。绝境反弹为激情创造了空间。多年来，我都感觉不到身体健康、服装合身。而现在，我渴望塑造一个全新的自我。有时你只有在跌入谷底，才会奋力一搏。

4.
激 情

把人们赶上梯子

如果一架梯子正好靠在一面正确的墙上，就把人们赶上梯子吧。我们生来就具备竞争意识，好好运用它。我乐意与成功人士交往，因为他们能激发我的斗志。尤其是看到比我年轻的人做得比我更好，更会让我激情沸腾，催促我大干一场！

> 如果有人比你赢得更多奖品，切莫羡慕和沮丧。振作起来，战胜他们！

我的激情有时源于渴望造福同伴，有时源于渴望战胜同伴！我认为这两者之间应该有一个平衡。不要轻信诸如“生活不是竞技场”这类人生哲学，这只会为袖手旁观找借口。竞争可以是有益的，我们可以用它来激励彼此取得更大的进步。如果有人比你赢得更多奖品，不要羡慕和沮丧。振作起来，战胜他们！

扔掉防护手套

在古代，当一位骑士想挑战另一名骑士时，他就会在对手面前取下防护手套，即金属护手。如果对手捡起手套，就表明他接受了挑战。这就是习语“扔掉手套”的由来。

通常人们面临个人挑战时，激情就会被释放出来。任何一位团队领导者都需要熟练掌握“扔掉手套”这项技能。这意味着摘下防护手套，让自己变得脆弱，将挑战放到团队成员面前。

发起挑战是一门艺术。你可以利用奖励来发起挑战，比如，“我挑战你们达成这个目标，如果做到了，奖励是一趟夏威夷之旅”。或者是更加激进的挑战，“要达成这个目标，否则就另谋高就”。

有时领导者会大胆运用激将法作为策略。例如，当着同事的面对某个人说：“我认为你不能胜任这项工作，你没有这个能力。”当领导者这样说时，团队成员会感到被羞辱，积极的人就会捡起“手套”，奋发成功。当然，领导者知道他们能胜任这项工作，他只是采用这项策略，点燃队员的激情。虽然这种挑战方式非常奏效，但要谨慎使用，因为有时会弄巧成拙。有一次，我采取了这项策略，那个人非但没有站起来应对挑战，反而不再跟我说话！

任何一位团队领导者都需要熟练掌握“扔掉手套”这项技能。

总之，人们喜欢被挑战，尤其是有奖赏的时候。当人们成功应对了一项挑战，他们喜欢受到队友的肯定。这是使人们激情迸发并采取行动的法宝。

你能否把手套丢到自己身上？效果不大。我们可以对自己做出大胆的宣告，但当情况变得艰难时，我们就会轻易说服自己放弃。然而，如果你得到他人的支持，这个方法就能变得有效。你们可以商量好相互挑战，互相负起责任，也就是互相“扔掉手套”。人类的天性是，如果有吸引自己的奖赏，人们就更愿意迎接挑战。利用这种天性，燃烧你的激情，赢得成功。

选择激情

说到底，激情是一种选择。激情四射的人与冷漠无趣的人，差别就在此。充满活力的人训练自己保持激情，而冷漠无趣的人却等待别人点燃他们的激情，或者等待有利的环境释放激情。

你可能会问：“找到我喜欢的职业，是不是就能保持激情呢？”这听起来不错。“做你喜爱的工作，金钱就会到来”，这样的观念非常流行。但我发现这种想法会让人终生焦躁不安，总是去寻求那“理想”的工作。我的经验告诉我，当其他人勉勉强强做某件事情时，而你选择充满热情地去做时，丰厚回报就会来到。无论任何事情，训练自己充满激情地去做，将会给我们带来最好的回报。

许多人花一辈子时间，从一个机遇跳到另一个机遇，在这个过程中一无所获。他们总在寻找容易做的事情，以为激情能“自然流逝”。朝着你满怀激情的方向努力，总是值得赞许的。做你热爱的工作，并从中获得收入是很好的事情。

当其他人勉勉强强做某件事情时，而你选择充满热情地去做时，丰厚回报就会来到。

另一方面，越来越多的人在生活中取得成功，因为他们承诺于切实可行的事业，并选择对此充满激情，尽管有时他们不一定有这样的感觉。尽可能地靠近激情，但要意识到，并不是所有元素都会令你兴奋。学会选择保持激情，这样你就能避免因盲目折腾而耗费大量时间和金钱。

如何充满激情

1. 刻意为自己创造提升激情的机会。重新安排生活中的一些事情，让自己有时间与激情再次连接。

2. 将自己重新定义为一个天生具有激情的人。不要等待所谓有利的环境才有激情。决定让自己充满激情。

3. 邀请激情洋溢的人共进午餐，当然是你买单！看看他们的激情从何而来，将这些品质融入自己生命中。

4. 扩展你的梦想，让它造福一个更大的社区，甚至整个世界！

5. 定期与满怀激情的人会面。如果身边没有这样的环境，就自己创造机会。

快速加油：激情

本来能过更精彩的生活，却勉强接受现状，求安稳，这毫无激情可言。

——纳尔逊·曼德拉

（南非前任总统）

激情是推进生命之舟的风。理性是掌舵的船长。没有风，生命之舟无法航行。没有船长，它就会失去方向。

——谚语

世界上最强大的武器是充满激情的灵魂。

——费迪南·福煦

（法国陆军统帅）

大多数人激情匮乏，而非过度工作。

——佚名

伟大的领袖实现愿景的勇气来自于激情，而非其职位。

——约翰·麦克斯韦尔

（领导力大师）

在这个世界上，没有任何事情，是在缺乏激情的情况下实现的。

——黑格尔

（德国哲学家）

激情澎湃之人能成就很好的事情，或者很坏的事情，关键在于引导他们的原则如何。

——拿破仑·波拿巴

（法国军事家、政治家）

激情使人真正活着，而知识只能使人们生存。

——尚福尔

（法国剧作家、文学家）

4.
激 情

我们必须在感受到激情之前，先活出它。

——让·保罗·萨特

（法国思想家、作家、存在主义哲学家）

唯有激情方能铸就伟业，运动员、艺术家、科学家、为人父母、生意人都是如此。

——安东尼·罗宾

（潜能大师）

我认为教育的全部意义在于让人们对事情兴奋起来。激情和热情帮助推动这一教育理念。

——史蒂夫·欧文

（澳洲环保人士、电台主持人）

成功工作坊：激情

1. 你是天生有激情的人，还是需要不断选择让自己有激情？

在下面刻度表上列出自己的位置。

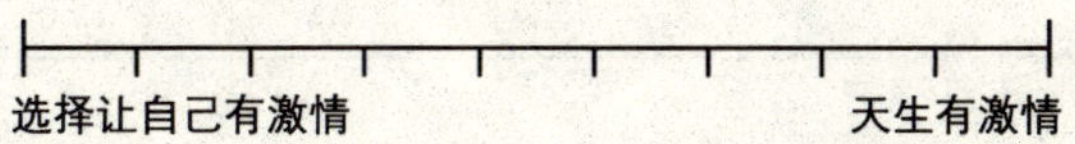

2. 列举两件正在抽取你的能量，让你激情全无的事情：

____

____

____

你如何重新安排生活，为激情创造更多空间？

____

____

____

3. 列出三个你敬佩的、对自己所做事情满怀激情的人：

____

____

____

他们有哪些特点让你印象深刻？

____

____

____

他们哪些优点，你从今天就可以开始效仿？

____

____

____

4.
激 情

4. 你怎样才能迸发出更多激情？列举三种情景。

5.
冒 险

安分守己阻碍着任何一个伟大而高尚的人类进程。

——塔西陀

（古罗马元老院议员、历史学家）

四名高中男生集体翘课，直到午餐后才回到学校。他们一致撒谎说，上学途中汽车爆胎了。“好吧，”老师说，“你们今天早上漏掉了一次考试，需要补考。”这些男孩坐在房间四个角落里作答，这样他们无法看到彼此的答案。一个男孩读到的第一道考题是：“哪一只轮胎爆胎了？”

有些险实在不值得冒。尽管如此，倘若一直安于求稳，就肯定无法达致成功。各行各业的企业家都将他们的成功归结于乐意冒险：采取行动，即使无人能保证成功。

有人天生厌恶冒险，这是可以理解的。从某种程度上来说，我们都想躲避苦难、悲痛和尴尬。我们常常这样想，倘若事情没有按照计划那样发展，我们将会陷入比行动之前更糟糕的境地。这样的担忧不是没有理由的。确实有一些人在追寻更好生活的过程中，失去的远远多于得到的，现实远远差于预期。然而，躲在安乐窝里过着安稳的生活，其实是最危险的。求安稳会令你失去更多。如果你从来没有冒着失败的风险，你永远不知道什么是成功。不走出舒适区，力求高枕无忧，可能会对你的生活造成更大伤害。德国文学家歌德说："生活中有着无数的危险，求安稳就是其中之一。"

冒险不能保证你成功，但不冒险会保证你过一种最卑微的生活。

害怕失败或者对错失良机的悔恨，同样是一个人心智的桎梏。唯一的办法就是冒险一搏。尽管冒险不能保证你成功，但不冒险会保证你过一种最卑微的生活。从长远来说，卑微生活的代价远远超过追寻更好生活所需要付出的牺牲。不曾冒险的代价，就是牺牲可能会享受到的成功；还有就是"如果当初……该多好"的感慨，安稳生活的代价是昂贵的。我们应该想尽办法远离安逸的人生。

5.
冒 险

克服害怕尴尬的恐惧

童年和少年时期发生在我们身上的事情，会影响我们脆弱的自尊。我们讨厌被嘲笑，不希望成为奚落的对象。孩童时代遭受的欺凌和戏弄，在多大程度上塑造我们成年后的生命？我想影响极大。尽管我们每个人遭受的奚落不一样，但它给我们留下的阴影都是一样的。美国作家梅根·麦克劳琳（Mignon McLaughlin）对此做了最好的总结，她写道：“对被嘲笑的畏惧让我们所有人成为懦夫。”还有人说道：“许多伟大的想法被埋藏，因为拥有这些想法的人经受不住嘲弄。”

> 没有人生来就是坚强的，你必须历经风霜雪雨，才能变得坚强。

在我看来，克服害怕尴尬的唯一办法，就是去经历更多的尴尬。这样能治愈你的畏惧心理。有些国家要求所有公民服两年兵役。我认为让年轻人去体验两年军队生活是一个不错的主意。在民主的氛围下，没有哪个角色比政客遭受更多的批评、奚落和讽刺。有时我很纳闷，政客们究竟如何应对这些负面攻击。但他们做到了。他们很坚强。没有人生来就是坚强的，你必须历经风霜雪雨，才能变得坚强。

如果你渴望成功，要抖掉你对奚落、讽刺和嘲弄的恐惧。躲避讽刺不能确保你安全，只会让你更脆弱。害怕嘲弄会让你懦弱、穷困。

首先要学会自嘲，这样你就会领先嘲弄你的人，这是消除尴尬的有效途径。让自己主动逗乐，即便这种逗乐是以你自己为代价。害怕尴尬是骄傲自大或不安全感的外在表现。如果你想赢得人们喜爱，这两者都是你性情中的危险因素。敢于向他人承认你的怪癖，当你逗笑大家时，你也能和大家一同欢笑。人人都开心，你在笑声中克服了自己的骄傲和不安。克服对尴尬的恐惧吧。

克服失去一切的恐惧

你可能会认为，已经失去一切的人会是那些最害怕失去一切的人。并非如此。遭遇过不幸、被夺去一切东西的人意识到，生活依然需要继续，事情会好转的。通常，只有遭逢绝境，你才会发现自己的韧性和力量。

著名牧师罗伯特·舒勒（Robert H. Schuller）讲述了他童年时期的一则往事。一场龙卷风将他的家园和农场夷为平地，什么都没有留下，连废墟也没有。这场龙卷风像一台巨大的吸尘器，将一切都吸走，只剩下干干净净的水泥地。面对嗷嗷待哺的一家人，舒勒的父亲拿起一把羊角锤，开始拔出旧木桩上的弯钉。舒勒说，他亲眼看见父亲锤平这些钉子，用它们来重建家园。

我们害怕失掉一切，害怕走到绝境。相反，许多人取得卓越成就，正是因为他们首先失去了一切。许多不得不从头再来的人，只花了一半的时间，就完成了第一次做的同样多的事情。在途中积累的智慧为第二次尝试增添了极大的助力。

许多伟大王国都是用敲直的钉子来建成的。

生命中至少有一次失去所有的经历，会带来更多裨益。它帮助你认识到自己其实是多么坚强，并能重建一切。你会不会鲁莽行事、过度冒险呢？有可能。当你有一家人需要养活时，最好不要成为赌博机器。尽管冒险至关重要，但“盲目押宝”绝不可取。

很多年前，一位企业家经历了破产，后又重获巨大财物，他跟我说：“垒好你的城堡，挖一条护城河，然后大胆一拼，因为你知道无论成败，始终有一个家可以回去。”他告诉我们的是，要大胆冒险，但绝不要把整个家庭的安危和基本供应都置于险地。

要么害怕冒险，要么过度冒险，这两个极端都是危险的。

有些人错在害怕失去一切，过于安分守己；有些人则像希腊神话中的伊卡鲁斯[①]，幻想凭借蜡和羽毛制成的翅膀飞向太阳，他们以为某些事情能解决一切问题，因此孤注一掷，结果摔得遍体鳞伤。对于你们当中大胆的冒险者而言，请牢记，明智的冒险完全有别于铤而走险。对于那些害怕失去、抗拒冒险的人而言，要知道损失一切绝非山穷水尽。许多伟大的王国都是用敲直的钉子来建成的。

克服对保证的需要

许多人不愿冒险，因为他们不知道事情到底会如何发展。为了前进，你必须习惯于在没有任何保证的情况下冒险。冒险天生就有失败的风险，否则，它就是每注必赢的赌注了。

商业世界常常有这样的警告：过往的业绩不能保证未来的成功。自由企业是信念的比赛：你要相信，明智运用生意原则和程序，加上坚持不懈的努力，能带来更多的成功而非失败。归根结底，没有人能保证最后的结果。唯一可以保证的就是，如果不冒险，没有任何人能成功。

---

① 伊卡鲁斯，希腊神话中的人物。他乘着父亲做的人工翅膀逃离监狱，由于离太阳过近以致粘翅膀的蜡熔化了，掉进了爱琴海。这个故事描述人们一旦忘记自己的本性会面临的下场。

5.
冒 险

克服过去糟糕的经历

谁愿意被烧伤两次？哪个头脑清醒的人，在第一次尝试失败后，会再试一次？

当你押了太多的赌注，失败的经历是痛楚的。我并不想轻视这种痛苦。我无法用任何赞誉之词来美化失败。当你对某件事情倾注了如此多的希望，它却只是让你感觉糟糕，这种感觉是令人生厌的。渴望成功，结果却是失败，这让你的自尊心很受伤。重拾自信并再次相信自己的直觉，需要一段时间。治愈一颗受伤的心灵，即使最甜美的巧克力也有着局限！

如果你刚刚经历一场灾难，最好赶紧有些好的经历，来阻止消极的思想悄悄毒化你的自我形象，这是至关重要的。失败能强化你的品格，但如果你长时间浸泡在失败的毒液里，就会对你产生负面的影响。当务之急，就是阻止过去糟糕的经历毁掉你的自信。

> 失败能强化你的品格，但如果你长时间浸泡在失败的毒液里，就会对你产生负面的影响。

如果一次失败的经历让你对再次冒险产生抵触心理，你就开始任由失败来掌控你的人生。绝不要让一件具体的事情对你有着如此大的控制力。继续冒险吧！即使你经历一次又一次的失败，你也要让自己免受影响。关键不在于在冒险面前退缩，而是从每次失败的经历中汲取教训，把你学到的教训加以应用，是最终制胜的法宝。

迈克·福斯特（Mike Foster）是“第二次机会”机构创始人之一，他这样总结说：

> 当你经历了一次灾难，你的自然反应就是“保护自己”。你不愿再次经历那样的痛苦，你的每个想法、行动、决定和人际关系，都会自动地在这次灾难的滤网中被过滤。保护自己，这是合情合理的。但经历伤痛的人常常在人际关系上隐藏自己，然后躲避，几乎不再冒险，也更少地梦想。
>
> 具有讽刺意味的是，并非不幸的经历摧毁你的人生，而是你在疗伤时采取的自我封闭的方式。你停止了生活。你被过去遭受的伤害绑架了，而不能从中学习有益的教训。人生变得碌碌无为，你的生活离你的梦想越来越远。我们如何回应这些灾难，这是一种选择。我们可以关闭内心，也可以重新学习，再次相信。

5.
冒 险

从过去失败的经历中学到教训，并收获更大的成功，世界需要这样的人。那些从失败的废墟中站立起来的人，能引起更多共鸣，因此也能帮助他人从失败中站立起来。继续冒险吧。

成为聪明的冒险者

承担风险和赌上一把是两码事。赌上一把是将身家性命系在碰运气、希望撞大运上。如果凭着零散的证据、不完整的数据就采取行动，你很可能就是赌博。

在“科技泡沫”时期，沃伦·巴菲特因为没有投资科技股而受到嘲讽。他的回应很简单：“我从来不在自己不懂的事情上投资。”几年后整个科技股融化，巴菲特躲过了一劫。他再次成为天才！如果一个机会显得深奥复杂而难以理解，巴菲特也会拒绝。他认为对他而言，在自己不明白的事情上投资，无异于赌博。

有这样一句箴言：理解蕴育宽容。你的风险承受力来自于了解风险的方方面面。盲目无知和意气用事不应成为冒险的基础。当情况背道而驰时，通常“风险”会招来许多指责。然而，让人不幸的真正原因并非风险，而是缺乏耐心和事前准备，这些因素一开始就让冒险变得不明智。

作为未来的主设计师，你应该主动承担风险，但不要被迫在你不明白的事情上冒险。在缺乏明智建议、不清楚成本的情况下，不要贸然行事。成功从来都不是直线展开的。因此，你的冒险必须要有所准备。巴菲特说：“生活之路充满坎坷。若想规避一切的风险，这样的计划与灾难无异。”要考虑到事情会出错，但不要让出错的可能性阻挡你去冒险。明智地冒险，但要勇于承担风险。

> 生活之路充满坎坷。想做规避一切风险的计划，是一种灾难。
>
> ——沃伦·巴菲特

无论是赌上一把还是过于安分，这两者都是一场赌博，将希望寄托在可能的结果上。明智地承担风险绝不是赌博。尽管没有人能保证结果，但经验丰富的冒险者在潜水前总会摸清水下的石块。他们深知，“希望好事发生”不是成功的策略，他们也知道，不去潜水就不可能取得辉煌成就。做一个明智的冒险者，提高承担风险的能力！世界上有许多优秀的冒险者，加入他们，成为其中一员。

更快成长

通过承担风险，你会在更短时间内更快成长。尽一切努力来避免犯错，但要记住，害怕犯错是最大的错误。倘若你像一潭死水，毫无进步，请做一项个人风险评估。最近一位朋友问我："你今年的计划中，会冒险做哪些你认为是最危险的事情？"这个问题让我愣了一阵。他并非鼓励我做极限跳跃运动，却实实在在突显了我计划中的漏洞。

尽管我今年计划完成许多艰巨任务，但我仅认为它们是艰难的，而非危险的。它们确实需要辛勤努力，但除此以外，我无需冒太多风险。我的朋友挑战我，要考虑做一些有可能会彻底打破我舒适区的事情。慢悠悠地成长，不符合我对丰盛生活的定义，这也不应该是你的想法。在你的计划中，有什么事情是要冒险的呢？

提升共鸣

相比你的成功，你的失败更容易引起人们的共鸣。尽管他们可能会羡慕你的成功，但他们更容易通过你经受的挑战而与你建立联结。你战胜困难的故事，更能给予他人做到同样事情的希望。畅销书作者乔治·多诺克（George Torok）说："相比一帆风顺的人，我们更钦佩那些从逆境中反弹的人。"

抗拒风险的一大危险在于，你缩小了引起他人共鸣的能力。如果你从未冒险、从未遭受损失，你与他人建立联结的能力就会大打折扣。正是通过你的故事——你的冒险、你的失败以及如何转败为胜，人们受到激励，与你产生强烈的认同感。

> 躲避风险令你的人生平淡无奇，在社交场合索然寡味。

学习尽可能多地承受更大的风险，更多志同道合的人会与你产生共鸣。躲避风险令你的人生平淡无奇，在社交场合索然无味。正是我们经历的跌宕起伏的人生，才让我们变得有趣。如果你让自己远离失败和不舒服，你就没有振奋人心的经历可以和人们分享。因此，请大胆地走出去，冒一些险，以便你的人生更加精彩。

提升独立

逃避风险不但让你远离成功，还带来依赖心理。每一个农夫都知道春种秋收的道理，要有收获就要冒险撒种。不去承担风险，为他人创造价值，很可能会令你陷入依赖他人的境地。不要依赖他人冒险得来的丰收果实。敢于冒险，你将会收获独立与自由。

5.
冒 险

提升勇气

你能跳多高？这看你何时触摸到胆怯的天花板。有些人如此胆怯，几乎不敢抬高音量说话。有一天，我在一家咖啡馆小憩。点餐后，我站在柜台附近等待。年轻的女收银员正在试图引起一位男子的注意，这名男子刚点了一份奶酪蛋糕，他正站在一旁，没有注意到这个女孩的举动。这位女孩试着说：“先生，您的奶酪蛋糕好了。”这名男子压根就没有听见。

此时正是忙碌嘈杂的午餐时间，这位收银员说话如此胆怯，男子根本就没有听见。我看到这个女孩又说了几遍。她越想试图引起男子注意，就越尴尬紧张。我差点忍不住想说：“姑娘，这位男士看了菜单上奶酪蛋糕的图片，他点了这个，付了钱，已经像巴甫洛夫的狗那样流着口水了。看在老天爷的份上，说话大声点，让他知道他的奶酪蛋糕准备好了！”

倘若你想在这个世界勇往直前，就绝不能胆怯。鼓起勇气，承担风险，尤其是当你有着能帮助他人的产品和服务时。

如何承担风险

1. 消除错误的思维定势，认为安全来自不冒险。

2. 评估你现有的行动计划，看看它是否有着朝向风险或躲避风险的趋向。

3. 与某位导师见面，请他评估你过往的风险承受力。

4. 确立一个“风险禁飞区”。你的家庭、你的忠诚度都是弥足珍贵的东西，不值得拿来冒险。

5. 设置一个风险分类账目。在一张纸中间画一条竖线。在右边列出有价值的风险，在左边列出结果不好的风险。从右边的事项中得到动力，从左边的事项中汲取教训。

6. 在下一次团队会议中，让承担风险成为中心议题。挑战人们报名参与有风险的任务。

快速加油：冒险

安逸大多数只是一种迷信。它并不存在于大自然，更不存在于人们的经历中。长远来看，逃避危险不比全然的暴露更安全。生命要不然是一场大胆无畏的冒险，要不然就是一无所有。

——海伦·凯勒

（美国盲聋哑女作家、教育家）

5.
冒 险

留在港湾的船是安全的，但这绝不是它被造出来的目的。

——约翰·A. 雪德

（美国作家）

成功者与失败者的差别往往不在于能力或想法，而在于前者具备勇气去尝试一些想法，周密思考后去冒险和行动。

——安德烈·马尔罗

（法国作家）

如果一个人只有把事情做到无人挑剔的地步，才采取行动，他将一事无成。

——枢机主教纽曼

（英国作家）

在我认识的人当中，那些追求梦想却失败的人，远比畏惧失败而将梦想束之高阁的人，生活丰盛得多。

——佚名

经过周密思考后再去冒险，这与鲁莽冲动大不相同。

——乔治·巴顿

（美国陆军上将）

如果大多数人有自信或乐意冒险，他们可以成就一些非常伟大的事情。但大多数人都不是这样。他们终日坐在电视机前，认为生命将会永远继续下去。

——菲利普·安德烈·亚当斯

（澳大利亚公共知识分子）

如果你不犯错，你就没有冒险，但那表示你哪里也去不了。关键是要比对手更快地犯错，你就会有更多机会学习并取得胜利。

——小约翰·W.霍尔

（畅销书作家、学者）

成功工作坊：冒险

1. 你天生是一个冒险者，还是谨小慎微者？在下列刻度表上列出自己的位置。

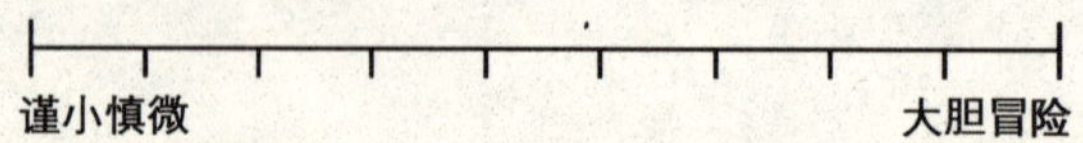

5.
冒 险

2. 你认识哪些冒大风险的人?

你能从他们的经历中学到什么（积极的或负面的）?

3. 你曾经做过的最冒险的事情是什么?

最后结果如何?

4. 你生命中哪三个方面，将从你乐意冒更多的险中受益?

5. 这个星期你可以做一件事情来打破舒适区，是什么？

____

____

____

6.
技 能

当有人最终在一些新技能上练得炉火纯青，

并用这些技能打开新门看到希望时，

那是多么令人欣慰啊！

——盖尔·希伊

（美国当代著名作家、记者）

我多么希望告诉你，在生活中，只要拥有良好的心态就能成功。然而，在酿造成功的配方中，许多原料缺一不可，技能就是其中一项。前总统亚伯拉罕·林肯曾说，如果要花八小时砍倒一棵树，他会首先花六个小时将斧头磨得锋利。乐观者手中的一把斧头，能发挥比砍树更大的功用。积极心态再加上优异技能，是一对坚不可摧的黄金搭档。如果你在磨砺态度的同时也提升自身技能，产生的效果将为你和你的团队提供持久燃料。

人际交往技能

前总统西奥多·罗斯福曾说："成功的公式中，最重要的一项因素是与人相处。"在所有关于这项主题的书籍中，我觉得没有哪一本比戴尔·卡耐基的《人性的弱点》更加有力。他的书能帮助你掌握与人积极交往的基本原则。

提高人际交往技能，很重要的一点就是离开你天生的社交参数。社会学家说，人们倾向于与自己年纪差距在十五岁以内的人交往。如果你现在四十二岁，你乐意交往的人的年龄上限是五十七岁，下限是二十七岁。当然，这也并非完全正确。拒绝让自己成为这类人。你绝不要被限定仅与一定年龄范围的人交往。努力超越一切社交界限，通过对他人的世界感兴趣并参与其中，你主动与人交往。当你这样做时，你的人际交往技能就会丰盈。

> 新人脉会比旧相识带来更多机会。

拓宽社交圈是产生新动力的关键。人际交往的天地是广阔的，不要把自己局限在一定的年龄范围，或自身种族和文化当中。当你初次与陌生而完全不同的人群进行倾心交往时，内心就会释放新的激情。不要让自己局限于传统的思维定势和文化隔阂中。只要你决定采取行动，你就能与人们产生积极的交往。

伟大激情演说家查理·琼斯对一大群年轻人充满激情地说："我热爱与十几岁的年轻人交流。你们知道为什么吗？因为六十三年来，我一直是一位十几岁的少年！"查理热爱各个年龄层次的人，乐意与他们交流。对任何年龄层次的人而言，查理都是一名积极的沟通者，因为他总会准备适合对方的笑话和故事。

我的朋友迈克·达诺尔德（Mike Darnold）已经六十六岁，他比实际年纪要年轻许多，因为他大部分时间都在与年轻人相处，帮助他们学习各项生活技能。每年春天，迈克都邀请我担任一个青年营的讲员。他带领的青年营超过两百人，有各类少男少女：有的胆大，有的胆小；有的少年有成，有的奋发努力；有的无忧无虑，有的曾受虐待。迈克与每个人都相处得很好，受到所有人的爱戴。如果用人际关系衡量财富的话，迈克·达诺尔德一定会荣登《福布斯》百位富豪排行榜之列。迈克的秘诀是什么？秘诀在于他以饱经风霜的人生智慧与这些孩子们交往。

多年来，迈克一直与酒瘾抗衡。尽管三十年滴酒未沾，他不会忘记酒精差点毁了他。因而迈克奉献自己的时间和精力，帮助年轻人避免陷入他自己成长中曾跌落的深坑。与不同年龄层次的人交往，是迈克主动做出的选择。

不要让不确定感禁锢你走出去与他人交往。人生诸多困境的答案，往往就隐藏在人际关系中。世界上有许许多多不同类型、不同年纪的人，他们的人生将会因认识你而变得更美好。新人脉会比旧相识带来更多机会。将人际关系拓展到自身年龄范围和文化背景之外，这将会大大提高你的人际交往技能。

学习技能

“知识就是力量”这句名言千真万确。这种力量会催促你前进，超越过去经验和技能的局限。教育是渴求成功的灵魂的燃料。正如20世纪初的爱尔兰作家威廉·巴特勒·叶芝（William Butler Yeats）所言：“教育不是灌满一桶水，而是点燃一团生命的火焰。”因此，请热爱教育！

重视教育的价值，心甘情愿为它买单。有人曾说：“这个世界上只有死亡和税收是确定无疑的。”他应该把教育的成本也包括入内。然而，有人马上会抨击说，参加生意讲座和购买个人发展工具所需费用偏贵。你是否查看过近年来大学学费的标价？教育不便宜，也从未便宜过。它需要花费金钱与时间。企业家无法逃避支付教育费用。他们要么为培训买单，要么为缺乏培训买单。如果一项培训课程能教给你本来需要自己摸索多年才学会的知识，请爽快地为此买单吧！渴望提升技能，并接受技能培训需要一定的财务投资这个事实。

教育把我们打造成锁匠，帮助我们开启成功之门。

如果你想在生命中拥有更多燃料，请终生保持学习的热情。在对人脑进行大量研究之后，认知心理学家和神经系统科学家丹尼尔·列维廷（Daniel J. Levitin）博士这样总结：“人类大脑极富弹性。直到生命的终点，大脑也能适应外界，做出改变。”教育把我们打造成锁匠，帮助我们开启成功之门。

销售技能

一想到“销售”这个概念，许多人就浑身不舒服。我曾听许多人说：“我决不会踏足销售，我就不是那块料。”请允许我替你纠正，每个人其实都置身销售行业。如果不销售某件东西，你就无法成功。至少，你在销售自己！当你申请晋升时，你向上司销售你的才能。当你申请某机构的一项职位时，你向该机构销售自己的专长给它带来的益处。从银行获取贷款，你需要准备策划书，并向信贷员销售策划书中列举的种种优势。即使医生、牙医、律师也需要打广告来销售他们的服务。

没有人是“天生的销售员”。销售是一门人际交往艺术，有其基本的法则。

不要畏惧销售。没有人是“天生的销售员”。销售是一门人际交往艺术，有其基本法则。销售技能可以通过学习获取。当你认为某人是天生的销售行家时，实际上他们只是让销售显得自然而然，因为他们已经学会销售流程并反复实践，运用起来得心应手。当你学习并运用这一流程，你将会经历它带给你的结果。当你开始品尝硕果，你将会感恩置身于销售行业中。

以下是经过反复验证的基本的销售七步曲。这项原则可以运用到产品、服务或生意机会的销售中。学习并将它融会于你自己的性格与风格中，你将在展示机会面前拥有更多自信。

(1) 如果你要向人们提供一个机会，请搞清楚交谈对象是否有最终发言权。如果他们不能拿主意，你无需花费大量时间和情感能量，与他们分享这一机会。

（2）与人们建立情感纽带。人们乐意从他们喜欢的人手里购买东西。以积极有益的方式与人们建立联系。无论你的服务或产品有多好，如果人们没有与你建立情感连接，他们就不会参与其中。

（3）问问题，判定对方的需要。“告知不等于说服”，这句老话千真万确。有一回我坐在一间咖啡厅里，邻座是一位商人和他的客户。简短交谈几分钟后，商人开始夸奖自己的产品。他滔滔不绝地讲啊讲啊。过了半个小时，我能感到客户觉得乏味，但出于礼貌，他并未阻止商人的夸夸其谈。他根本就不知道，商人才刚刚开始而已。

> 每个人都是靠出卖某样东西而生活。
>
> ——罗伯特·路易斯·史蒂文森
>
> （英格兰小说家）

两个多小时后，耐心聆听完商人的演说，这位客户借故走开了。他实在无法忍受再待在那儿！我很快估算了一下，那位商人口若悬河地谈了一百四十分钟，而客户只讲了五分钟。这位客户表现出了极大的耐心。其实，听了一个小时后，我差点忍不住起身给商人泼一杯凉水。他的销售技能着实败坏了销售的名声。

问问题！让你的客户分享他们的生活和需要。通过问恰到好处的问题和认真聆听，你会更好地了解客户的需要，客户也会更容易接受你的方案。

（4）与客户分享你的产品或服务的优势，解决客户的需要，但适可而止。当我们紧张时，我们就会说很多话。我们试图掩饰令人尴尬的沉默，于是就会用声音来填充沉默的空白。切莫这样做。说得愈多，你成功的机率就愈小。一旦你将水烧至沸腾，加温只会带来许多无用的蒸汽。少说不语强于快言多嘴。之后进入销售流程的下一步。

（5）回答客户的问题或疑虑。只需回答他们的问题。不要浪费时间回答他们没有询问的问题。掌握好说话的多少。

（6）引导客户做出决定，并付诸行动。人人都喜爱感到重要、受到尊重的感觉。

（7）为客户立即采取行动预备道路。传统的说法叫做“促成交易”。不要再用额外的词藻描述这项机会的益处，来试图说服客户。如果对方仍犹疑不决，回到第五步，问问他们的疑虑到底是什么。一旦你已经回答了他们的疑问，再继续第六步和第七步。

如果你的客户仍然不愿采取行动，不要强拉硬拽。胁迫人们买东西将会导致鱼死网破，大家颜面受损。最好给客户多一些时间考虑，留给自己继续跟进的机会，切莫将对方逼至墙角，破坏关系。

下面是销售七步曲的总结。把这一页复印下来，放在手边，以供随时浏览。不论你采用这七步曲或是发展自己的策略，拥有一个路线图至关重要。用得次数愈多，你就会越信手拈来，愈发娴熟。

步骤一

辨明交谈的对象是否有最终发言权。

步骤二

与人们建立情感纽带。

步骤三

问问题，判定对方需要。

步骤四

与客户分享你的产品或服务的优势，解决客户的需要。

步骤五

回答客户的问题或疑虑。

步骤六

引导客户做出决定并付诸行动。

步骤七

为客户立即采取行动预备道路。

当你向潜在客户讲解生意机会时，遵循销售策略会让你信念满满。提升销售技能将会促使你取得更好的结果。学习上述销售七步曲，并加以运用。你要多加练习才会运用自如。许多人抱怨他们自己的产品或服务，实际上，正是他们缺乏销售技能，无法得体地进行讲解，才会如此挫败。

聚集人才的技能

与洋溢着激情的人共同参加会议，能提高人们的热情。因此，我很热衷于组织人们相聚一堂——当然是在线下！我赞赏互联网的神奇以及召开网络会议的威力，但当人们面对面相聚时，有一些东西会激励人们的表现。通过电子产品产生的碰撞，无法与强大的人力资源协同作用相媲美，后者来源于人与人、团队与团队之间面对面的碰撞。

因此，需要为人们创造面对面接触的机会，让他们能互相连接，分享彼此的梦想，庆祝彼此的成功。然而这必须有很好的计划、参与和运作。召集一次聚会，肯定希望它顺利进行，但通常会事与愿违。

如果你有一位常常举办活动的领导人，你无疑是幸运的。你可以加入其中，主动提供帮助。如果你的领导人定期组织活动，当有一大堆事需要做的时候，不要选择最轻松的，不要仅仅参加而已。投入进去帮忙，这会打造你的领导力，赢得领导人的赞赏。

如果你没有参与一个组织活动的团队，那就自己将人们聚集起来。利用人与人相处产生的资源。学习聚集人才的技能。人们不会主动出现。当你召集他们相聚时，如果头一回他们没有得着益处，就不会再来。

如果你的领导人定期组织活动，当有一大堆工作要做的时候，不要选择最轻松的工作，不要仅仅参加而已。投入进去帮忙，这会构建你的领导力。

你要在群体中营造充满活力的气氛。如果让五十个人聚集在一间容纳五百人的礼堂里，只会适得其反。除非是乘坐飞机，否则不要让人们一个人占一排座位。不要希望人们会自动来到一个房间。这不是大思想，而仅仅是一厢情愿。最好先预定一间较小的房间，并把它塞得密不透风，要进去的唯一方法是从屋顶跳进去！在你预定酒店会议室之前，最好先把客厅塞满。在小空间里，人们近距离相处能创造能量。这就是你希望取得的效果！

不要以为打几通电话或发几封电子邮件，就能让人们济济一堂。你需要推广、邀请、提醒、得到人们的承诺。你需要不断激发人们参加会议的期待与热情，除非你像超级红火的摇滚乐队U2那样，甫一登台亮相就吸引人们竞相围观。

把房间塞满人显然不够。不要犯这样的错误：倾注所有精力让人员全部到场，却给人们不温不火的会议程序。让会议室座无虚席需要花费大量心血，而许多领导人低估了这项任务对他们的损害。我曾见过类似情况多次发生。当要在一次会议上传递鼓舞人心的信息时，由于耗尽太多情感和心力组织会议，事无巨细、事必躬亲，领导人往往身心疲惫，思绪混乱，“临场发挥”的演讲无法引起大家的兴致。

> 现场激励人心的环境远远胜过纷繁复杂的网络社区体验。

如果你负责发表一篇振奋人心的演讲，请将会议筹备工作委派给其他人，这样你就能精心准备讲稿，传递鼓舞人心的能量。如果组织多人参与的活动需要你投入许多精力，请找一位可靠的、能替你成功出击的演讲嘉宾。马克·吐温曾说：“我通常要花上三个星期来准备一场即兴演讲。”如果你亲自演讲，请为演讲出彩做好准备！

6.
技 能

要有效地把人们聚集在一起，每一件事都亲力亲为，只会让你倍感失望。归根结底，活动中最受激发、收获最大的人应该是主办者。如果主办一次活动让你心力交瘁，你可能再也不愿举办第二次。

当人们聚集在一起，就会形成一个能量场，但你要充分利用这些能量，你需要让这股动势持续下去，将第一次活动产生的能量源源不断地注入下一次活动。当人们带着激情离去，他们就会十分积极地邀请新朋友参加下一次聚会。如果你精疲力竭，过了很久才举办下一场活动，你就无法驾驭上一次活动所产生的能量。

有效地让人们聚集在一起，有三个重要组成部分：

（1）提供合适的设施。

（2）让人们聚集在一起。

（3）传递鼓舞人心的信息。

即使聚集的人数不是很多，你也无法单枪匹马有效地完成这三项任务，因此你要汇聚团队的力量。即使你完成了上述任务中的两项，也是不够的。

成功召开的会议是提高团队士气极为有效的方式。事实上，鼓舞人心的现场环境，远远胜过纷繁复杂的网络社区体验。我尝过通过网络聚集人的滋味，也深知它的局限。即使是性格内向腼腆的人，依旧渴望与他人在真实世界中接触。召开一次盛会，人们会源源而来，让自己受到感染和触动。有一种能量只有在人们面对面相处时才会释放。如果你的企业或机构能促成有效的“线下”聚会，你要充分利用人与人之间生机勃勃的互动，这是人心的渴求和需要。

领导力技能

在学习成为释放高能量领导人的过程中，我学到了这一点：领导力技能不在于充满活力和兴奋，而在于把正确的理念注入人心。为团队成员提供最佳燃料的领导人深谙以下道理：

领导力技能就是从跟随者中培育领导者。

成为一个领导者并不意味着穿着打扮好、说好听的话，也不意味着人们前呼后拥，而在于从跟随者中培育领导者的能力。富有个人魅力的领导者往往会对此产生阻碍。我曾经听说，仅有百分之七的人是因为个人魅力而成为机构领导者。事实上，许多顶尖研究者所做的调查（比如吉姆·柯林斯的书籍《从优秀到卓越》）已经表明，领导者的个人魅力会阻碍机构内人们的成长。这是因为强势领导者用他们的熠熠才华抢夺了所有的空间，让人们既为之倾倒又深感挫败，因而不能很好地施展自己的才华。

为了培养团队成员的领导力素质，成熟的领导者懂得牺牲自己发光的机会。领导者需要清楚地意识到，不要让自己的个人魅力成为阻碍整个团队发展的因素。我认识一些本身才华平平的领导者，却带领一支规模庞大、极为忠诚且人才辈出的团队。这是由于他们关注在团队内部培育领导力。一个人领导水平如何，由他培育了多少人才来衡量。如果你想建立优秀的团队，请不要自己抛头露面，让那些你正在培养的人去发光吧。

尽管领导者会失败，真理依旧屹立。

曾经有一段时间，身为领导者，我带领的机构遭遇困境，停滞不前，我无法让它走出泥沼。我所做的每一样尝试要么失败，要么丝毫不见起色。我去找在另一个行业的朋友，他的生意做得风生水起。他与我交谈了几个小时，大谈他的发展战略，然后他转向我，强调道："维斯，这不是什么火箭科学！"

听到要成功不必成为火箭专家，我大受鼓舞。回到我的领域，我与员工分享这一心得，我们采取我的朋友推荐的策略。

它管用吗？一点也不起作用。我沮丧至极，觉得如果我连不是“火箭科学”的事情都无法做成，我肯定是个傻瓜，或者比傻瓜还傻！最后，通过与同行业其他几位领导者交流，我终于发现那些策略并非都可以搬来套用，他们也曾尝试了同样的策略，结果也是很糟糕。

“这并不是什么火箭科学”，或“这太容易了，洞穴人都能做到”这类的话并不真诚，因为成功从来不是轻而易举的。

成功的真理不同于成功的策略。毫无疑问，策略是必要的，但我学会了不去过分夸大它们的功效。在不同性格的领导者的带领下，某些同样的策略会得到不同的结果。搬到其他行业或者地点，同样的策略也会失效；在不同的文化中，某些策略会变得过时。真诚帮助他人成功的领导者会分享他们的策略，却不会把策略当成真理那样去宣扬。

有人批评激励演讲者讲得天花乱坠，却没有实质内容。有时候我们确实应该受到这种指责。在我刚开始成为激励演说者的时候，我强烈渴望告诉人们他们拥有成功的潜能，这促使我过于强调成功的各种点缀，而没有着重强调获得成功的核心价值观。我确实相信，成功的硕果会激发人们的兴奋度，然而只有教导人们通往成功所需的核心价值观，才能帮助他人在成功的路上走得更远。

如果领导者希望在队员身上发挥最真诚的影响，应大力推广那些给予历代不同背景的人们力量的成功真理。大声呼喊“这不是什么火箭科学”，或“这如此容易，甚至洞穴人都能做到”这类的话并不真诚，因为成功并非轻而易举。如果领导者说：“成功路上挑战艰巨，但你内心的力量更加强大！”这样要显得真诚得多，因为这是真的！

已故的吉米·罗恩被誉为我们这个世代最伟大的哲学家之一。他坚持宣扬他称为“基本点”的理念。他告诉人们，这些道理放之四海皆准。下面是吉米·罗恩教给我们的四条成功真理。尽管大师已经远去，这些真理依旧屹立。

- 成功是我们变得优秀之后吸引过来的。
- 培养与不完美的人交往的技能，因为就连傻瓜都能与完美的人相处。
- 不要加入思想简单的人群。你不会成长。去到那些高期望、严要求的人群中。
- 设定目标的终极原因是，它可以引导你成为实现目标的那个人。

真诚的领导者如此热爱他的跟随者，以致他愿意冒着不被他们爱的风险。

有一次我搭乘飞机返回洛杉矶，一位同事主动提出来机场接我。我欣然接受他的帮助，因为这可以让我们在回途中共度高质量时光。我建议他开我的车，这样他可以省下油费。见到我在行李认领处，他把车停到路边，进来与我相见。

任何熟悉洛杉矶机场的人都知道，绝不要乱停车。我的同事也知道这点，但他告诉我，他“没有看到一个警察在附近”，他认为一切安好。我有点忐忑不安，果然，当我们返回车辆跟前，一位巡警走了过来，在雨刮器下贴了一张停车罚单。尽管我的同伴并没有见到这名警察，警察却看到了违规停放的车辆！尽管同伴如此确信，我们仍旧受到了处罚。令人惊讶的是，这位同事没有对此负责。他既没有道歉，也没有支付罚金。

现在你可能会想：“你的同事做了一件多么傻的事。”但是我想说的是：看到他不打算修补这个局面后，我告诉他无所谓，我会处理这件事。毕竟，他是在帮我的情况下才招来的罚单。但我这样做其实既不真诚，也不明智。为了不“小题大做”，我错过了挑战同事的机会，没有让他为自己的错误承担责任。

我的理由是他经济不富裕，我来买单的话比较容易。事实上，我的同伴之所以没有什么钱，是因为他在财务上不负责任的态度，而我的行为更加纵容了他。尽管我对他的举动不解，同时也有一丝生气，但我最终并没有跟他提出来，因为我不愿惹他不快。那一刻，我不是一位真诚的领导者，因为我将自己“被接受”的需要置于让他学习负责任之上。他的财务状况仍旧一团糟，而我则错过了一次帮助他学习对自己财务负责的机会。

有一则故事说，一位游客把车停到路边，他问一个乡下少年，到史密斯维尔还有多远。这个少年回答说：“如果继续往前走，还有两万四千英里，不过如果你掉头，就只有一英里远。”有时人们朝错误的方向急速行驶。尽管让他人意识到这一点并不舒服，但领导者有责任帮助他人调转方向。真诚的领导者不会为了赢得人们喜爱而替他们遮掩错误。

有时人们朝错误的方向急速行驶。领导者有责任帮助他人调转方向。

不要害怕向跟随者提出问题，因为这些问题会帮助他们成长为领导者。他们刚开始可能会因为你的问责而被激怒，但如果你这样做是出自真诚的爱与关心，你终究会赢得他们的好感。

跟随者技能

有很多书籍告诉人们，如何成为一名有效的领导者，但没有多少文章讲述如何做一名出色的跟随者。成为一名出色的跟随者应当受到尊重。跟随者可能居于次位，但并非不优秀。领导力最佳训练来源于做好干将的得力随从。除非你先学会如何做一个优秀的跟随者，否则你不可能成为伟大的领导者。先成为“凤尾”比成为“鸡头”更能学会如何成功。以下是提升跟随者技能的一些要点。

做一名忠实的跟随者。

学习成为一名忠实的跟随者。你并非名列次等，而是正在接受训练。除非你先学会如何成为卓越的跟随者，否则你很难成长为领导者。不要幼稚到期待领导者完美无缺。在追随领导者的过程中，太多人跳来跳去，总认为自己会找到那个“拥有一切”的领导人。其实只要你的领导者品格正直，就一直追随他。他们值得你绝对的效忠。尊敬你的领导者，他们也将反过来尊敬你对他们的效忠，为你的晋升增添燃料。

绝不要口头承诺，却又无法兑现诺言。

没有什么比承诺过多却兑现过少更令领导者失望的了。领导者更喜欢你什么都不说，却用实际行动给他们带来惊喜。真诚的跟随者绝不要先说“请信得过我”这类的话，而具体实施起来，却是一大堆借口。谨慎对待你的言语。做语言的矮子、行动的巨人。换句话说，让事实来替你说话。

绝不要单独出席。

如果你的领导举办活动或会议，要邀请其他人参加，最好多带几个人。开一辆空车来参加会议是对资源和机会的极大浪费。当你邀请他人一起参加会议时，会议的影响力就会扩大。即使对于天性内向的人（我就是其中一员），当你带着一支浩浩队伍参加会议时，你就为会议注入更多能量，你也会从中收获良多。

如何具备技能

1. 下一次参加领导者举办的会议时，把你的小车塞满人。提高你聚集人们的技能。

2. 把销售技能的基本七步曲打印出来，并将它们牢牢地记在心。

3. 在团队会议上，通过角色扮演练习销售技能。

4. 如果你还没有付费参加一次培训或个人发展课程，请参加一次。

5. 不要为了保持你的“亲民”形象而忽视团队成员身上致命的问题。为了他们自身发展和成长着想，尽快安排时间，与你的一位队员进行一次“艰难”的谈话。

快速加油：技能

问题不在于“如果”而是“何时”麻烦会到来。应对麻烦是每一位成功人士都必须学习的技能。

——斯坦·恩德克

所有顶尖成功者都是终身学习者。他们不断寻找新技能、新想法。如果他们停止学习，他们就会停止成长，停止超越。

——丹尼斯·维特利

（美国杰出演讲家和激励大师）

若赚钱是你冀求独立自主的方式，则终不可成。一个人生活在这个世界，唯一真正的保障是知识、经验与能力的储备。

——亨利·福特

（福特汽车创始人）

对于勤奋和有技能的人来说，没有什么不可能的。

——塞缪尔·约翰逊

（英国诗人、散文家、词典学家）

不要把你的需要带到市场来，把你的技能带来。如果你感觉不好，告诉医生，不要告诉市场。如果你需要钱，请去银行，而不是去市场。

——吉米·罗恩

（美国著名商业哲学家、成功学之父）

教育不是为生活做准备，教育是生活本身。

——约翰·杜威

（美国哲学家、教育家）

技能来自于实践。

——拉尔夫·爱默生

（美国思想家、文学家）

上帝借助人手赐予人们技能。如果没有安东尼奥，上帝也无法造出安东尼奥提琴。

——乔治·艾略特

（英国作家）

仅仅有希望还不够，你还需要有激情和技能。

——蒂姆·里德

（美国演员、电影导演）

你需要找到这样一个地方，在这个地方，因为你有一技之长，你能带来影响。

——约翰·麦金利

（美国政治家）

6.
技 能

成功工作坊：技能

1．你热爱学习新技能还是迫于环境变化、被动学习新技能？在下列刻度表上列出自己的位置。

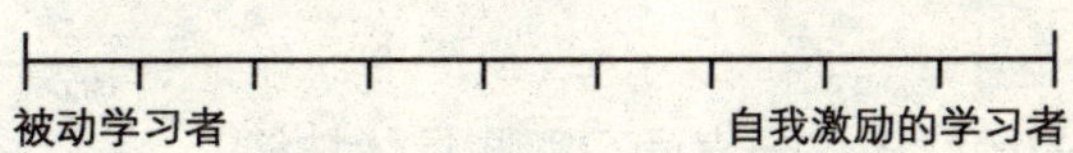

2. 过去六个月里，你学到了什么新技能？

____

____

____

3. 你想培养什么个人技能？

____

____

____

4. 为了培养你的技能，你现在每个月投资多少？

____

____

____

5. 谈到与人交往，哪些方面你需要改进？

____

____

____

6. 你的团队应该一直学习哪些具体技能？

____

____

____

7. 在你的生意里，请列出成功必备的三项技能？

____

____

____

7.

恩 惠

有人满足于恭谨地站立于命运之门前，

坐等好运来临。

有人则大胆阔步迈进命运之门。

他们凭借美德与勇气的翅膀，胆识过人地与运气周旋，

终能抓住机遇如愿以偿。

——巴尔塔莎·葛拉西安

（17世纪西班牙哲学家、思想家）

一位富豪的遗嘱正在被宣读，他的亲属们都在充满期待地专心聆听，特别是他那位花花公子的侄儿。最后，律师念道：“至于我的侄子约翰，我承诺不会在遗嘱里漏掉他，‘嘿，你好！约翰！’”

在我们追寻成功的道路上，接受帮助当然能给予我们帮助。但得到帮助是否像富豪叔叔在遗嘱里仅仅提及侄儿名字那样？有没有什么方法吸引更多帮助？当然，你可以有很多方法增加自己的帮助，不需要什么富豪叔叔！

我的许多成功经历可以追溯到受人之恩。我并没有刻意做什么，也并不是说我总是配得上这些帮助，然而恩惠朝我涌来，因为我做好了准备。如果没有这些帮助，在成功路上，我显然不能走得如此远。领受他人恩惠无疑将为成功增添燃料。

尽管你不能创造恩惠或要求别人施恩与你，你还是能让自己去到正确的地方，以便吸引它来到你身边。

如果无人对你施以恩泽，你能否成功？也有可能。但我还从未见过哪位成功人士不把自己的一部分成功归于接受他人的帮助。我的结论是，尽管人们具备“自力更生”的潜能，但事实是，无人能完全免于受人之恩，这为他们的成功打开了一扇大门。

到目前为止，在我提到的成功燃料当中，恩惠是最模糊的。我们受益于他人的帮助，恩惠也在四处寻找施予对象，但基本上在我们控制范围之外。你可以说“承担责任”或“冒险一试”，但你不能说“快出去领受恩惠吧”。同样，你可以说：

7.
恩 惠

“增强信念！放大愿景！提升激情！”但你如果说：“让我得到更多恩惠吧！”则会招来一片疑问：“怎么样才能做到呢？”

你不能强迫他人给你恩惠。如何才能赢得他人的帮助，为你的成功之路增添意想不到的动力呢？下面是你需要知道的：尽管你不能创造恩惠或者要求别人施恩于你，你还是能让自己去到正确的地方，以便吸引它来到你的身边。做到以下几点，你将会得到更多恩惠。

满足他人的需要

恩惠往往流向那些期待并满足他人需要的人。当你真诚关心周围其他人的需要，你就会吸引更多恩惠。

作为受邀讲员，我经常参加不同的活动，我总是有意识地向举办活动的领导人表达衷心的感谢，因为无论会议规模大小，召集人们参会都是一项艰巨的任务。会议领导人和组织者都应该受到双倍的尊敬。很多领导者都知道，举办大型活动而参会人员低于预期，自掏腰包弥补亏损是什么滋味。

因此，每当我踏上讲台，我都会觉得自己是何其有福气！尽管我为了准备一篇振奋人心的演讲而努力工作，我总是提醒自己，这些人并不是因为我而参加会议的，他们之所以来到这里，是因为许多人在幕后辛勤劳作。这些人努力组织会议，吸引人们前来，当参会人数不足预期时，他们还要自己承担财务亏损。在这里，我是一个服务者，我的工作就是帮助领导者达成预期目标。这种心态帮助我赢得了众多领导人的信赖，当我有幸被再次邀请时，我很确定这种服务者心态帮助我赢得了机会。

行为学家拉里·舍维兹（Larry Scherwitz）博士道出了增加恩惠的关键："认真聆听他人谈话，把你的时间和精力给予他人，给他人选择和空间，不要只是为了自己的需要才做事。"

当下一笔销售决定你一家人有没有饭吃时，我们很难优先考虑他人的需要。但是你必须这样做。

将他人需要放在自己需要之上，是赢得恩惠的关键。这听来简单，但不得不承认，当你心情迫切的时候，这是很难做到的。当下一笔销售决定你一家人有没有饭吃的时候，我们很难优先考虑他人的需要。但是你必须这样做。记住，恩惠、尊严和成功最终会流向那些把他人需要放在自己需要之上的人。

7.
恩 惠

为他人和环境带来活力

那些施恩于他人的人，倾向于帮助能给周围环境带来活力的人。你永远不知道谁可能会被你的微笑所感染，因而为每个场合带来活力和价值吧。不要因为时机对自己有利，才选择性地展现你的人品。训练自己时刻保持正能量。

成为第一个微笑的人。成为第一个给予赞扬的人。成为第一个说出自己姓名的人。成为第一个关注他人兴趣的人。成为第一个向对方要名片的人。成为第一个几天后主动打电话、留下鼓励信息的人。留意做那些细微却让你脱颖而出的事情。不要忘记，在这个电子信息时代，寄一封手写的明信片或信件，比发一封电子邮件更令人印象深刻。

把亮光和生命带到他人生命当中，让它成为你的目标。当你这样做时，你就会建立一个吸引恩惠的磁场。你不知道恩惠从何处来，但它就是会源源而来的。你应该坚持多长时间呢？任何人都会短时间表现出活力，那些经历最多恩惠的人正是那些持续不断保持活力的人。只因为多年前为他人带来一缕“清新空气”，我受到了许多恩泽，这令我感到惊喜。你也能创造一种恩惠的动势！

掌握那些被人遗忘的美德

有这样一句箴言：“一个人的天分会为他打开道路，引领他来到众王面前。”没错，如果你是一位才华横溢的高尔夫球手、发明家、投资家或时装设计师，你将赢得众人的目光。拥有市场认为有价值的一技之长，会为才华横溢者打开一片天空。但是如果你认为自己没有出众的才能，也无需气馁。掌握那些被人遗忘的美德，将为你赢得与身怀绝技者同样多的恩惠。

好好掌握并将那些不需要天分的“人生品格”发挥得淋漓尽致。例如信守诺言，值得信赖，坚韧不拔，保持个人卫生，多走一里地，最早到达和最迟离开，勇于承担责任。建立“行动者”的名声，努力扩大这种名声。

坦率地说，这个世界不需要更多才华横溢、引人迷恋的人。这个世界需要更多鼓励和激励他人成长的人。你不需要拥有某些天赋，你只需要永远走正路。坚持这样做，恩惠就会找上门来。

鼓起勇气

勇敢的人比其他人领受更多恩惠。古罗马诗人奥维德（Ovid）曾经写道：“好运和爱情垂青勇士。”你正在做什么事情，让你的团队钦佩你的勇气呢？在《永远翩翩起舞》（*You Gotta Keep Dancin'*）一书里，蒂姆·汉赛尔(Tim Hansel)讲述了他在登山途中从冰山摔落生还的经历。这次事故留下了严重的后遗症，他的脊椎看起来就像是大雾弥漫的高速公路上撞在一起的汽车那样。

一个又一个医生说，他们无能为力，蒂姆只能终生忍受这种痛苦。蒂姆回忆说："渐渐地，我进入一个死胡同，只得默默承受痛苦，向它投降。我不知道自己还有其他选择。我越来越小心翼翼，因为有位医生曾告诉我，我的脊椎如此脆弱，如果我撞到门框，就会瘫痪。我越小心翼翼地生活，疼痛就越厉害。"

> 生命的舞台与你所能承受的痛苦成正比。
>
> ——葛士卓

"我越小心翼翼地生活，疼痛就越厉害。"这是多么深刻的认识。当你本来能勇敢地生活，小心翼翼地生活不但不会带走你的疼痛，反而会抢走你的欢乐和未来的恩惠。

当蒂姆来到另一名医生面前，他的情况才有所改观。这位医生同意其他医生的诊断，但他开了一个完全不同的处方。他告诉蒂姆要正视现实：伤害已经造成，痛苦仍将继续。但他挑战蒂姆去忍受痛苦，百分百地活在勇敢和充实中，而不要沉溺于痛苦。

鼓起勇气不是让你从大桥上跳下去。充满勇气是这样一种生活：让人们看到你的勇气，而非痛苦。

善待他人

伟大的激励作家诺曼·文森·皮尔博士写道：“当你不再专注于自我，转而专心帮助深陷困境的人，你就能更有效地对付自己的困难。从某种程度来说，给予是一种个人能量的释放。”善待他人从两个层面带来恩惠。首先，正如皮尔博士说的那样，它能为你注入能量，从容应对自身的困境。其次，善良能改善你自己的处境。

几年前，我入住堪萨斯城的一家酒店。天色已晚，我期待着酣睡一场，好应对接下来几天的演讲。酒店前台站着一位蒙着鲜艳头巾的女士，她的孩子坐在大厅附近的椅子上。这位女士犯了一个错误，她让车灯一直开着，导致车上电池耗尽。她询问前台服务员，酒店是否有汽车电池推车，让她能借助推车发动汽车。酒店没有这样的设备，经理提出联系拖车公司来帮她发动汽车。拖车公司乐意帮忙，但出价五十美元。酒店经理转身询问这位女士能否接受。

我看到这位女士脸色一沉，很显然她没有五十美元，她戴的头巾掩盖了她的难过神情。她告诉经理不必了，转而走向已经在椅子上差点睡着的孩子。她抱起儿子，走进凄冷的夜色中，你能感受到她的绝望。

当前台接待员递给我房间钥匙，我递过五十美元，请经理帮我打电话给拖车公司，然后朝自己房间走去。大约二十分钟后，我房间电话响了。前台服务员问我是否可以拎着行李回到大厅。我在大厅见到了经理，他向我解释："先生，我们想谢谢您对那位女士和她儿子的善行。我看到您将要在我们酒店住三天，在这期间，我们想安排您住高级行政套房。您意下如何？"

一件善行激发另一件善行。那位女士和她儿子高高兴兴地行驶在回家路上，而我则住在高级行政客房里。善行并不一定带来恩惠，但是它却让你处于一个随时得到恩惠的位置上。当今这个时代，许多人疲于奔波，筋疲力尽。你能做什么，或者说，你和你的团队能做什么，让这个世界变得更好呢？

慷慨待人

从最纯粹的意义来说，慷慨意味着施恩给那些没有能力偿还或报答的人。17世纪英国作家约翰·班扬（John Bunyan）说："如果你不能为那些无法回报你的人做点什么，你今天就白活了。"甘心给予让恩惠向你流淌。

培养慷慨的品格。让你的那份慷慨流向这个世界，你终将得到回报。恩惠更多地流向情愿给予的人，而非那些寻求得到恩惠的人。挑战自己每天都行慷慨之举。慷慨无需多少金钱。把慷慨作为一种生活方式，让它成为你的习惯，它将影响你的人格，进而吸引恩惠。

坚定目标

古罗马哲学家塞涅卡（Seneca）曾经非常精辟地说道："如果一个人不知道他要驶向哪个码头，任何风都不会是顺风。"拥有坚定的目标会赢得支持，从而实现目标。人们喜欢跟随那些知道自己要往哪里去，并对目标充满自信的人。你将往何处去？你正在为什么而奋斗？不管作为个人还是团队，对这些问题拥有清晰的答案，你将吸引志同道合的人。

7.
恩 惠

我们经常会被问道："你是做什么的？"我们经常左顾右盼寻找合适的词来表达。通常，同样的回答我们不会说两次。用一句简洁的话来描述你做的事情，记下它，训练自己在任何情况下，都能自信地传达你的目标。不要说得太快，清晰而自信地表达你的目标。当我被问及从事什么工作时，我的回答很简单："我帮助人们提高产能和效益。"当然，这样的回答仅是冰山一角，但足以引起一些人的共鸣。当你的愿景被清晰表达出来，就会激发那些抱有共识之士的热情。

有意识地积极思考

有意识地对人们保持积极态度。没有什么比吹毛求疵更让恩惠远离。诚然，有许多人应受责备，但是你却不能成为横加指责之人。刚开始，指责是对不公义事情的正当回应，但这很容易陷入偏见和走极端。人类有天生的癖性，当事情不如我们所愿之时，我们就会对他人恶意揣测。当我们有这样的想法时，恩惠就停止朝我们涌来。我们应当抵制这种诱惑，拒绝这种倾向。即使有人应该受到谴责，你也不要推波助澜。这不利于你自己的心智健康。

许多年前，我写下一首小诗，提醒自己积极看待他人。我仍然能吟诵这首诗歌，而且常常吟诵！它帮助我调整心志，回归到吸引恩惠的轨道上。

思想最好的

思想他人最好的一面，
不要把时间浪费在思想琐事上。
想象自己有朝一日想成为的样子，
在事情发生之前就思想它，
让它在话语和行动中闪闪发亮。
想象自己将来的样子，
思维塑造命运。

相对于增强信念和扩大愿景而言，我们很难操纵恩惠出现的时间。然而，恩惠却是成功配方中的重要原料。恩惠每天都流向某些人，也从某些人身上流走。因此做好每一分努力，让自己置身于源源不断涌流的恩惠中。给予他人恩惠，并做好迎接恩惠的准备。

7.
恩 惠

如何拥有恩惠

1. 每一天都充满期待，让自己置身于恩惠的暖流中。每一天都提醒自己，你既能帮助他人，也值得接受帮助。

2. 给团队领导者写一封信，对接受他们的帮助表达感激之情。

3. 承诺将他人的需要放在自己的需要之上。

4. 把你想帮助的人列出来。按照这张清单来给予，记录人们的回应。在下次团队会议上，跟大家分享这些回应。

5. 对“你是做什么的”这个问题，想一个简练而有意义的回答。训练自己在任何时候都能自然而自信地回答。

快速加油：恩惠

当一个人决定奉献自己的那一刻，一切意想不到的事都会出现，助他一臂之力。之前从未想过的人、事、物，都会一路顺意相挺。

——威廉·哈钦森·穆雷

（苏格兰探险家）

机遇偏爱那些有准备的人。

——路易斯·巴斯德

（法国化学家、微生物学之父）

如果好运钟爱你，你就大胆前行，因为她常常喜爱勇士。

——巴尔塔莎·葛拉西安

（17世纪西班牙哲学家、思想家）

做好今日之事，是赢得明日机会的最佳方式。

——斯坦·恩德克

恩惠和尊荣有时恰巧落在无所求的人身上。

——蒂托·李维

（古罗马著名历史学家，著有《罗马史》）

不要给予人赞美后立即索取帮助。这样的赞美毫无价值。

——马克·吐温

（美国著名作家）

7.
恩惠

我更乐意帮助那些谦恭有礼、大胆要求的人。他们对人类有信念，更对自己有信念。不习惯于慷慨给予的人，也不会大胆索取。

——约翰·卡斯帕·拉瓦特尔

（瑞士诗人）

良好的表现带来机遇，糟糕的表现引来批评。

——亚瑟·塔格曼

（作家）

收获最多恩惠的人，是那些懂得感恩图报的人。

——普布里乌斯·西鲁斯

（古罗马作家）

如果我们做了该做的事情，就会胜券在握。

——查理斯·巴克斯顿

（英国酿酒商、社会改革家）

知道如何接受恩惠却不知如何感恩的人，最为无用。

——普劳图斯

（古罗马剧作家）

成功工作坊：恩惠

1. 如果幸运垂青勇者，在下列刻度表上列出自己的位置。

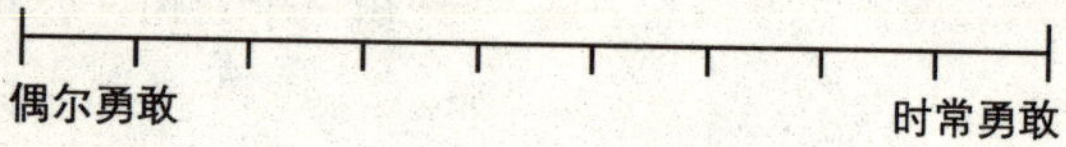

偶尔勇敢 ——————————————— 时常勇敢

2. 回想你人生当中的重大飞跃，它们是否来自他人的帮助？列出那些帮助你飞跃的人。

____

____

____

3. 上面列举的恩惠当中，有哪些是因为你处于正确的位置而得到的？请说明。

____

____

____

4. 写下你想施行恩惠的对象的名字？

____

____

____

你能具体为他们做些什么?

____

____

____

5. 你能培养哪三项品格，从而帮助你领受更多的恩惠?

____

____

____

8.

征 战

这个世界存在着某些美好的事物，

值得我们奋战到底。

——J. R. R. 托尔金

（英国作家，以《魔戒》等小说闻名于世）

2004年1月8日，安妮·海利和好友德比·妮可一起沿着山路骑行。在她们骑行的道上，另一名山地骑手刚刚遭到一头山狮袭击并惨死狮口，而安妮和德比对此一无所知，她们更不会知道，这头山狮会再次出击，目标正是她们。

她们骑行在南加州白垩粉牧场野生动物保护区崎岖山道上，安妮比德比稍稍领先。正是这样领先一步，才使德比幸免于难。安妮回忆，她突然看到一张红褐色的皮毛从眼前掠过。在那一瞬间，她还以为自己吓着了一头麋鹿，因为它们有时会在自行车道旁吃草。当一头成年公山狮张开血盆大口，咬住安妮的脖子时，安妮几乎失去正常思考的意识，她摔下自行车，跌落到峡谷旁。事先毫无征兆地，安妮卷入了一场人狮大战中。

山狮一次次向安妮的脖颈与面部发起攻击，试图咬断她的脊髓，将她置于死地。幸好安妮戴的自行车头盔保护她免遭致命攻击。

此时，德比也加入了战斗，她和山狮展开了激烈的拉锯战。当山狮把安妮拖向峡谷下边，德比死死抓住安妮的左脚踝，大声发誓说："我决不会让你就这样死去。"这边德比奋力想使安妮脱离狮爪，那边安妮边祷告边猛击山狮头部。然而，眼前的这头山狮一心要置安妮于死地，挥拳猛击、搏斗、尖叫丝毫不起作用，无法阻挡狮子进攻。

德比用尽她纤弱身躯的每一分力气，奋力把安妮往峡谷上拉，强壮的山狮则把安妮往峡谷下拖，与此同时，山狮撕裂了安妮的左半边脸。这场战斗显然悬殊太大。当山狮用利爪抓住安妮的脖子时，安妮昏了过去。

这时，另外两个因素参与进来，情况开始对安妮和德比有利。首先是另一批山地骑手恰好骑车经过。当他们听到搏斗声和惨叫声，纷纷跳下车，往狮子身上扔石块。其次是山狮在拖拉安妮的过程中，把自己逼到了一颗树上。看到许多人加入进来，而自己又处于不利位置，山狮终于松开了攥住安妮的利爪。它稍稍退后，伺机再次进攻。

有人拨打911报警电话。十几分钟后，急救队伍赶来。一架直升飞机盘旋在人们头顶，向峡谷里的急救人员发送无线电信号。医护人员置身在安妮和山狮之间，直升飞机飞行员监视山狮的位置，提醒医护人员山狮正尾随其后，伺机再次进攻。正在给安妮手臂扎针的医生不得不强迫自己镇定，好让自己的手臂不发抖。医护人员一边给安妮打针，一边还要防备不远处的可怕山狮，这本身就是一个奇迹。

一架救援直升飞机把安妮送往医院。虽然刚刚经过生死一劫，对安妮来说，另一场征战又悄然开始。给安妮动手术的外科医生形容说，好像有人把安妮的整个左脸撕开，朝里面撒了一把灰，然后再粗暴地合上。安妮受的伤害极为严重，感染的可能性非常高。医生们小心翼翼地清洗并缝合伤口，希望她能战胜感染（有可能是狂犬病毒）和大量失血造成的身体虚弱。

安妮刚刚成功地胜过了这些，又不得不面临下一场战斗。

她的生活被永远改变。即使痊愈后，生活也不能再恢复到以前的模样。安妮知道痊愈的过程漫长而艰辛。她的丈夫詹姆士要承受一边照顾她，一边养家糊口的巨大压力。安妮也知道詹姆士能毫不退缩地承受压力，但看到家人的生活受到严重影响，她非常伤心。

安妮的容貌也不可能再恢复到从前。对她来说，适应容颜的改变是另一场战斗。每次照镜子，安妮都不愿相信镜子里的人就是自己。熟悉的面孔不再，要接受这张伤痕累累的新面孔，是一件困难而可怕的事情。然而，在一场接一场的战斗中，安妮不断战斗，取得了胜利。

还有另一个挑战等着安妮和詹姆士。作为从狮子口中九死一生的幸存者，安妮被推到媒体的闪光灯下，尽管她内心并不情愿。每一家媒体都想采访她，从早晨新闻到各种访谈，各种邀请纷至沓来。尽管更想躲到幕后，但安妮认识到，如果自己的经历能帮助其他人赢得勇气，她就乐意讲述她的故事和她的信念。

回想那痛苦的经历，安妮告诉我，当山狮用爪子抓住她的脖子时，当她意识到自己的左脸被利爪撕裂时，精神上的挑战远远胜过肉体的挑战。她知道放弃搏斗，让山狮就此得手是非常容易的。安妮说那时她的脑海中闪过坚定的信念，即使山狮猛烈攻击她的时候，这个念头依然清晰。她回忆道："这是我每天都在思考的，关键时候派上了用场。我相信生命值得为之奋斗，我做到了。"

如今，詹姆士和安妮向他人传递的信息是：在任何情况下都要看到最好的一面。安妮说："我不去关注脸上的疤痕，我想的是，我的双眼居然还有0.2的视力，这实在不可思议。"她还说，"人们其实有着比他们知道的更多的力量。人们对我说：'你经历的事情，我可经历不了。'我的回答是：'你其实不知道自己有多强大！'"

永远的斗士

如果你想成功，你必须做一个战士，因为在生活中，你不会总是得到你认为自己应得的，也不会总是受到公平的对待，你只会得到你为之奋斗的。不要认为有人成功是因为他们幸运，或者仅仅是因为在合适的时间遇到了合适的人。从表面上来看，情况似乎如此，实际情况却是他们的奋斗引导他们最终走向成功。

实现你的目标将会是日复一日的征战。英国前首相撒切尔夫人曾经说：“你可能需要打不止一次的仗，才能最终获胜。”此言千真万确，尤其是当第一个战场是在自己的思想里时。莎莉·肯普顿（Sally Kempton）说：“你很难打败盘踞在脑海中的敌人。”一旦你战胜了自己，你就能打败横亘在你和你的目标之间那些不可避免的艰难险阻。毫无疑问，赢得成功是一场征战。唯一的疑问是：“征战者能否每天投身于战斗，克服种种困难？”

成功不会青睐幸运者，它只会青睐征斗士。你不会每一天都情绪高昂，处在有利环境中。但你能否每天都迎战挫折，并最终战胜它？你能否每天都迎战忧郁和无聊？你能否为更有效能而战斗？你能否迎战人类消磨宝贵光阴的惰性？你能否为取得更好结果而战斗？你能否为实现梦想而战斗？你内心的战士一定能。

为了激励全体英国人，让他们在二战最黑暗的时刻不至于失去勇气，当时的英国首相丘吉尔宣告：“我们必须保卫我们的国土，无论要付出多少代价。不管在海边，在陆地上，在原野中，在大街上，在群山之中，我们都要和敌人奋战到底，决不投降！”

如丘吉尔那样，即使在你人生最黑暗的时刻，你也能豪迈地宣告："无论要付出多少代价，我将为愿景而奋斗，我将承担责任，我将征战挑战，我将征战负面情绪，我将征战冷漠。我为梦想而战，不屈服任何环境；我要为明天变得更好而战，我要为更美好的未来而战，我要为更多地给予这个世界而征战。我决不投降！"当你面临绝望之际，希望这个战斗口号鼓舞你的斗志，激励你继续前行。

那些过着非凡生活的人，其实都是普普通通的人，但他们懂得为卓越而奋斗，决不投降。你不必只有被山狮袭击才发现自己有多强大。你比自己想象的要更强大。勇于梦想，让梦想改变你的人生和周围的世界。燃烧你的斗志。每一天都为征战加足燃料。决不投降。成功路上，挑战定会不断，但是你内心的力量更为强大！出发吧，为更美好的生活而战，它终将属于你！

如何征战

1. 认定自己是一个战士，为了更美好的生活，绝不放弃梦想。

2. 给你的领导人写一封信，告诉他们，你很感激他们在艰难时刻从未放弃。

3. 温斯顿·丘吉尔的经典名言是："我们决不投降。"写下你自己的经典名言。把它运用到你的生活和梦想中。

4. 当你面临看似无法逾越的困境时，大胆宣读这句话："某某某（你自己的名字），你比你想象的更为强大。"重复几次，感受到信念逐步增强，用行动来证明上面的宣告。

快速加油：征战

你无法逃避你的弱点。要不奋起反击，要不坐以待毙。如果真是这样，为什么不此时此地就开始呢？

——罗伯特·路易斯·史蒂文森

（19世纪苏格兰小说家）

怀抱信念作战，我们就拥有双倍的装备。

——柏拉图

（古希腊哲学家）

当妇女们还是像现在这样哭泣时，我要战斗；

当孩子们还是像现在这样饥饿时，我要战斗；

当男人们还是像现在这样进出监狱时，我要战斗；

当仍然有一个醉汉，仍然有一个贫穷少女迷失街头，仍然有一个黑暗的灵魂缺乏上帝之光，我要战斗，我要战斗到底！

——卜威廉

（救世军创始人）

重要的不是战斗有多激烈，而是战士内心的斗志如何。

——艾森豪威尔将军

（美国陆军上将）

只要一个人拒绝停止战斗，胜利总是可能的。

——拿破仑·希尔

（激励大师）

你可以躺下等死，也可以站起来战斗，就这么多了。两者都无退路。

——乔恩·英格利什

（摇滚歌手、演员）

我们所要对抗的敌人当中，最危险的就是冷漠——对任何事物漠不关心。这不是因为缺乏知识，而是由于大意、太过专注于追求其他事情，以及自我满足导致的骄傲自大。

——威廉·奥斯勒

（加拿大医学家、教育家，“现代医学之父”）

如果你战斗，有可能输；如果你不战斗，就已经输了。

——贝托尔特·布莱希特

（德国戏剧家、诗人）

每个士兵在奔赴战场前都必须知道，他所打的这场小小战役如何融于更大的场面中，这场战役的成功将如何影响整个战局。

——蒙哥马利将军

（英国陆军元帅、二战著名指挥官）

在所有努力中，最重要的是走完最后一段路，制定最后的计划，忍受最后的劳累。这是善始善终的人必备的美德。

——亨利·大卫·梭罗

（美国散文家、思想家）

8.

征 战

成功工作坊：征战

1．当战斗激烈进行时，你的自然倾向是逃避还是战斗？在下列刻度表上列出自己的位置。

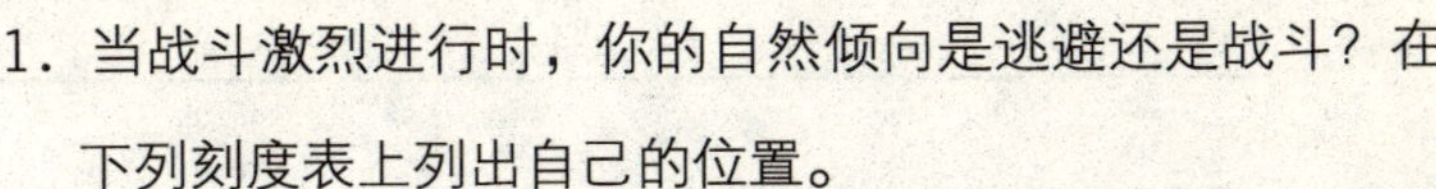

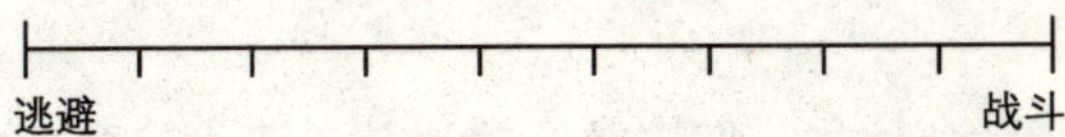

2. 回忆你生活中一个直面困难、应对挑战的时刻。

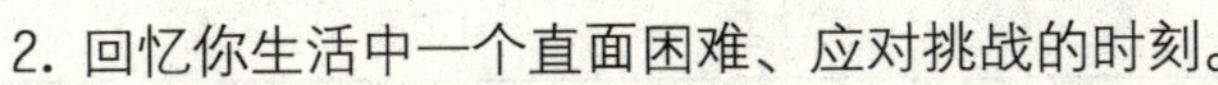

3. 回忆你放弃和退缩的某个时刻。

现在回想当时，如果你能坚守立场，继续战斗，情况会多么不一样。

4. 写下你生命中遇到的三个人的姓名，你钦佩他们哪些战斗品质。

____

____

____

5. 为了什么使命，你愿意坚持战斗，决不放弃?

____

____

____

致谢

衷心感谢与我每周见面的企业家团队（燃料团队）！你们深刻的洞察力和丰富的阅历，为我写作此书提供了极大帮助。加油吧，亲爱的队友们。这个世界因你们而变得更加美好。感谢慷慨无私的格雷格和艾米·阿尔伯丁夫妇接待了我们。

我还要特别感谢比尔·舒尔茨IMA设计公司！你们的设计不仅把这个世界妆扮得更加美丽，你们的友情和榜样也深深鼓舞我。与你们携手同行，是十分美好的经历。

还要感谢帕特里克和拉妮·凯利！你们的辛勤付出帮助艾莉和我继续我们的呼召——积极地影响他人。

感谢我的编辑和校对员！在写作的过程中，你们的帮助使我内心宁静。

感谢彼得·麦高文、迈克·福斯特、朱丽叶·麦克道戈以及PlainJoe工作室的每位成员！你们的经验和才干给了我许多灵感。我珍视你们的友谊和专业才干。

感谢我钟爱的咖啡茶坊里的每一位朋友！你们让我能一边喝着热气腾腾的咖啡，一边专心致志的写作。感谢经理蒂姆和那群可爱的咖啡调配师。通过一杯杯热咖啡，你们让这个世界变得更加快乐温馨。

感谢我的妻子艾莉和我们的儿子大卫与扎克！我们是一个伟大的团队。永远都是！永远不要低估你们的爱和真知灼见产生的影响。

衷心感谢阅读本书的读者朋友！你们对成长的渴望以及对非凡人生的渴求，让我有幸成为一名作家。希望我写下的话语以某种方式帮助你们实现梦想。

最后，深深感激世界各地邀请我演讲的领导人朋友们！感谢你们永不放弃。即使面临困境，你们依旧坚守召唤，带领人们，并为他们的成长提供机会。你们是我生命中的英雄。能为你们服务，我深感荣幸！